中华龙凤民俗

庞进 著

气象出版社
China Meteorological Press

内 容 提 要

龙凤是中华民族对自然界众多动物和天象经过多元“容合”而发明、展现的两种神物，是中华民族的精神象征、文化标志、信仰载体和情感纽带。作为中国人“群体性生活方式”的重要组成部分，龙凤民俗广泛地渗入、融会、表现于大众生活的方方面面。本书借鉴人类学、考古学、神话学、象征学等学科的研究成果，以民俗学的视角和方法，对表象神奇、内容丰赡、流传广远的龙凤民俗进行了多方面、多层次的考察，具有深入浅出、图文并茂、雅俗共赏的特点。（说明：本书中的“容合”一词，是“兼容、包容、综合、化合”的概称，突出“容”，与“融合”有区别。）

图书在版编目（CIP）数据

中华龙凤民俗 / 庞进著 . -- 北京：气象出版社，2021.1

ISBN 978-7-5029-7333-9

Ⅰ. ①中… Ⅱ. ①庞… Ⅲ. ①图腾—文化研究—中国 ②风俗习惯—研究—中国 Ⅳ. ① B933 ② K892

中国版本图书馆 CIP 数据核字（2020）第 236191 号

中华龙凤民俗

Zhonghua Longfeng Minsu

庞 进 著

出版发行：气象出版社
地　　址：北京市海淀区中关村南大街 46 号　　邮　　编：100081
电　　话：010-68407112（总编室）　010-68409198（发行部）
网　　址：http://www.qxcbs.com　　E-mail：qxcbs@cma.gov.cn
责任编辑：殷　淼　　终　　审：吴晓鹏
责任校对：张硕杰　　责任技编：赵相宁
封面设计：地大彩印设计中心
印　　刷：北京地大彩印有限公司
开　　本：710mm × 1000mm　1/16　　印　　张：14
字　　数：260 千字
版　　次：2021 年 1 月第 1 版　　印　　次：2021 年 1 月第 1 次印刷
定　　价：68.00 元

前言

龙是中国人对自然界中的蛇、鳄、蜥蜴、鱼、鲵、猪、鹿、熊、牛、马等动物，和雷电、云、虹、龙卷等天象经过多元容合①而发明、展现的，具备长身、大口，大多有角、有足、有鳞、有尾等形象特征，和容合、福生、谐天、奋进、和美等精神象征的神物。

凤是凤凰的简称，是中国人对自然界中的鸡、鹰、燕、乌鸦、鹤、鹑、鸿、孔雀、鸵鸟等动物，和太阳、风等天象经过多元容合而发明、展现的，具备尖喙、双翼，大多有冠、有羽、有爪、有尾等形象特征，和容合、福生、谐天、奋进、和美等精神象征的神物。

龙和凤的实质是中国人对宇宙自然力的感悟、认知、神化。

经过八千年甚至上万年的演进和升华，龙和凤一起成为中华民族的广义图腾、精神象征、文化标志、信仰载体和情感纽带。

龙凤民俗是民间流行的与龙凤相关的风尚、习俗。

作为中国人“群体性生活方式”的重要组成部分，龙凤民俗广泛地渗入、融会、表现于大众生活的方方面面。不管是建筑名胜、工艺美术、歌舞影视，还是岁时节令、婚丧礼仪、服饰冠履，龙凤都作为重要的组成部分，以盘旋、腾跃、翔舞、奋飞等多种形式，占据着醒目的位置，体现着不可或缺的文化内涵。人们通过雕塑书画，展现龙凤的形

---

① 容合：本书中的“容合”一词，是“兼容、包容、综合、化合”的概称，突出“容”，与“融合”有区别。

象、显示龙凤的神力；通过祭祀祈祷，召唤龙凤的神灵，传达龙凤的信息；通过著述文章，探讨龙凤的源流、索解龙凤的秘密；通过歌舞、竞技、影视剧作品，彰显龙凤的神性、弘扬龙凤的精神。

龙凤民俗的精神底蕴可以用“容合、福生、谐天、奋进、和美”来概括。

容合是兼容、包容、综合、化合的概称。龙凤是容合而成的，中华民族、中华文明、世界文明也都是容合而成的。容合是世界观、方法论。

福生是造福众生的简称，无论是作为水利神、太阳神、农业神，还是作为祖先神、民族神、爱情神，龙凤都以福生为使命。福生是价值观、幸福论。

谐天是与天（即自然界）和谐的简称。龙凤是谐天的产物，是先民对宇宙自然力的感悟、认知和神化。谐天就是要尊重自然规律，科学地有持续地发展，建设与大自然相和谐的生态文明。谐天是天人观、生态论。

奋进是奋发进取、开拓创新、适变图强。古往今来，中华民族的杰出人物因其努力奋进、为民族的发展进步、繁荣昌盛做出了创造性、开拓性的贡献而称龙比凤。奋进是人生观、强盛论。

和美是和谐美好的概称，龙凤民俗体现、倡导、追求天道自然和美、人伦社会和美、阴阳男女和美。和美是理想观、目的论。

目 录

第一章 龙凤民俗的起源

龙凤民俗主要起源于原始先民的自然崇拜，且与图腾崇拜、祖先崇拜密切相关。

龙凤民俗主要来源于动物崇拜和天象崇拜。

龙凤民俗通过多元容合而起源。

自然崇拜

大自然是生命的摇篮，也是人类赖以生存的家园。人类的衣食住行，即物质生活的一切，都主要来自于自然界的恩赐。这是人类对大自然必然依赖，从而产生敬重感的一面。而大自然并不总是风和日丽、雨雪遂时、百物和睦、万象宁顺，它也有风暴雨狂、山崩地裂、江河泛滥、兽虫逞凶，给人类带来灭顶之灾的时候。这是人类对大自然必然惧怕，从而产生畏惧感的一面。敬重和畏惧是自然崇拜的心理基础。而且，在灵魂观念产生以后，先民们相信自然界中的一切都和人一样，是有生命、有意志、有感情的，人们只要崇拜大自然，大自然就会给人以绵绵不尽的好处；反之，就会被大自然惩罚。

自然崇拜包括动物崇拜、植物崇拜、天象崇拜和山川土地崇拜。

动物崇拜和天象崇拜是龙凤民俗的主要来源。

动物崇拜的对象有蛇、鳄、鱼、蜥蜴、鲵、猪、鹿、熊、牛、马、虎、鸡、鹰、燕、乌鸦、鹳、鹤、鹑、鸿、孔雀、鸳鸯、鸵鸟、乌龟等；天象崇拜的对象有雷电、云、虹霓、星象、太阳、风等，另外还有属于自然物的古生物化石。

神物诞生

龙凤起源于公元前 6000 年左右至公元前 8000 年左右的新石器时代早期。

在这个时期，原始社会产生了飞跃性的进步——旧石器时代的狩猎演变为畜牧，采集野果发展为种植，攫取性的经济改为生产性的经济，而且随着原始人类学会筑屋、制陶和取火用火，人们逐渐定居下来并开展生产活动。生产活动一方面为人们提供了比原来更多的食物，另一方面也使人们与自然环境的关系更加密切：如果风调雨顺，收成就好；如果遇到水灾、旱灾或其他灾害，就有可能颗粒无收。所以，各种自然现象在先民们的心目中就一天天地“神”起来了。在旧石器时代晚期，人们就已有了“万物有灵”的观念，后来，为了祈求风调雨顺、农业丰收、六畜兴旺，就得赋予这些“灵”更强的神力，并且神化它们，膜拜它们，以求得到它们的保佑和赐福。由此，龙凤作为一种建立在自然崇拜基础上的神物崇拜，其形成过程也就开始了……

原始思维

贯穿整个新石器时代的原始思维在很大程度上是一种以模糊性为主要特征的思维。尽管精确思维在那个时候已经萌芽，而且其在这个时代后期有长足的发展，为随之到来的“青铜文明”奠定了思维基础，但从总体上来讲，新石器时代艰苦的生产条件、极不发达的生产力和低下的生活水平还没有对人们思维的精确性提出太高的要求——在先民们的心目中，不明不白、糊里糊涂、语焉难详的事情还有很多很多，人们的精神世界还处于蒙昧状态。

关于原始人类思维的模糊性，已有前辈学者做过考察。早在18世纪初期，意大利学者贾姆巴蒂斯塔·维柯（1668—1744年）就指出："原始人的心里没有丝毫的抽象"。[1]378 原始人"没有能力把形状和属性从事物本身抽象出来"，[1]181 而只能"凭其感觉和想象构思事物的意象或观念"。[1]194 研究"思维发生学"的当代学者张浩先生也指出："我认为原始人类的思维，是一种尚未完全分化的思维。应该说，在原始思维中，主体和客体、客观映象和主观情感因素、个体意识和集体意识、逻辑因素和非逻辑因素，都处在一种既有所分化又未完全分化的进化过程中。因此，原始思维和现代思维确实有着质的区别。"[2]410 张浩先生将这种"尚未完全分化的思维"称之为与现代人的"逻辑思维"不同的"原逻辑思维"，而这种"原逻辑思维"也就是笔者讲的原始模糊思维。

那么，原始模糊思维具有哪些特点呢？

第一，直觉把握。

由于先民们的生理基础、认识水平和理解能力还比较低，他们还不足以对身外形形色色、变幻莫测的自然现象进行"推理"和"抽象"。所以，他们的思维就不可避免地具有比较直观和表面的特点。他们是在对身外世界"直觉把握"的基础上，通过"取象比类"展开想象的。法国学者保尔·拉法格（1842年—1911年）很早就注意到了这一点，他经过对词源学等材料的研究，指出："野蛮人没有表示一般思想的用语。"[3]56 他们都是用具体的东西表示抽象的思想，因此，"借喻"起着非常重要的作用。[3]58-60 张浩先生也指出："原始思维基本上是一种感性直观思维，其思维模式的核心是感性结构。"[2]388 在新石器时代早期的考古发现中，可以见到不少的太阳纹、月亮纹、水纹和各种动物纹，这些纹样大多简单直观，显然是先民们对身外客观世界"直觉把握"的结果。这些发现为笔者的论断提供了比较充足的佐证。

第二，整体关联。

在先民们眼里，世界是浑然成一个整体的；天与地，以及天地之间的一切生物和非生物都是相互关联、彼此渗透的。原始人不能把自身同外部世界相分离，他们往往将自然界等同于自身，认为自然界和自身是一体的、相通的，甚至是可以互相转化的。模糊思维不但是对整个世界的“模糊”，也是对各种自然物之间的关系，以及人和自然物之间的关系的“模糊”。

法国的社会人类学家列维·布留尔（1857年—1939年）通过对原始人思维特征深入细致的研究，将原始人思维的整体关联性表述为“互渗”，即世界上的所有存在物，都在通过一定方式，相互获得和占有每个存在物都具备的神秘属性。这位颇有影响的学者还列举了许多的例证来说明这种“互渗”。比如，原始人会将某年秋天的葡萄丰收和这年夏天的彗星出现联系在一起，还会将一次日全食和此后爆发的战争联系在一起。而这些联系在列维·布留尔看来，“是一种难以清楚分析的联系。”[4]69 换成笔者的话来说，则是“模糊”的联系。

联系到龙凤民俗，“整体关联”使我们能够理解先民们为什么会将雷电、云、虹霓、龙卷等自然天象，和蛇、鳄、蜥蜴、鱼、猪、马、牛、鹿等动物联系在一起；将太阳、风、火等自然现象，和鸡、燕、鹰、乌鸦、鹌鹑、孔雀及鱼、蛇、龟等动物联系在一起；也能够帮助我们理解为什么人能变成龙，龙又为什么会变成人；以及为什么人要“称龙比凤”，龙凤又为何会具有人的种种品性。

第三，神秘的非逻辑。

模糊思维所感知的世界既是自然的，又是超自然的。在这个世界里没有确定的概念表达，不做分析或不可分析的神秘性因素占有很大的比重。

美国人类学家弗兰兹·博厄斯（1852年—1942年）在对原始人的“心智”深入考察后指出，原始人的“感觉非常出色，但缺乏对知觉做出逻辑解释的能力”。[5]

列维·布留尔的研究也颇有说服力。他指出，在原始人看来，他周围的一切都是神秘的。“原始思维是在一个到处都有着无数神秘力量在经常起作用或者即将起作用的世界中进行活动的。任何事情，即使是稍微有点儿不平常的事情，都立刻被认为是这种或那种神秘力量的表现。”[4]418 具体到中国，我们可以发现，龙、凤、麒麟、貔貅等神物就常常以自然界中神秘力量的代表的面目出现。例如某条河泛滥成灾了，当地人就可能会认为这是因为龙王发怒或者恶龙作孽等引起的；某个地方有甘洌的泉水涌出，相应地便可能会有凤凰光临过此地的传说。

以研究原始思维见长的中国学者刘文英先生认为：“在原始思维活动中，没有明确的‘什么是（不是）什么’的判断结构，也没有明确的‘因为什么，所以什么’的推理结构，不合逻辑的现象经常出现”；[6]226 “原始思维以类化意象为基本要素，其结构和推演本来没有明显的逻辑性，并且经常出现逻辑混乱。”[6]718

上述论述，可以帮助我们理解《山海经》等古籍中为何会出现一足鸟、双头鸡、三足乌、五足兽、九尾蛇等那么多形象怪异的动物，也可以帮助我们理解龙为何有蛟、虬、螭等别称，凤为何又被称为朱雀、玄鸟、鹫鹭、瑞鷗、鸾鸟、鹓雏、华虫……

模糊思维常常容许看似矛盾的事物同时存在，比如，它容许同一个实体在同一时间存在于两个或几个地方，容许单数与复数、部分与整体同一。比如龙，既可以是天上的雷电、云、彩虹，也可以是地上的蛇、马、猪，水中的鱼、鳄、鲵，还可以是天地间的龙卷。比如凤，就是既可以认为天上飞的燕子、乌鸦是凤，也可以说林中栖的锦鸡、孔雀是凤，还可以将水中游的鸳鸯、鹔鹭看成凤。

第四，群体意象。

群体意象是一代一代传下来，凭借着某些自然力，由各种神秘因素为媒介交流互渗，能引起共同体中的每个成员产生敬畏和崇拜等共同情感的在心之象和有形之象，即内在“心象”和外在“形象”的重合。

群体活动是群体意象产生的温床，群体意象必然要以群体活动为基础和依托，这和原始人类的生存状态有着密切的关系。原始人同我们现代人相比，缺乏有效的工具和保障，可以说是赤裸裸、无遮挡地面对着强大而凶险的外部世界。他们只有抱成团儿，以群体的力量和智慧去面对恶劣的外部环境，才有可能得到更多的食物和生存机会，使种族得以延续和兴盛。因此，当大家面对着同样恶劣的环境时，便会对外在强大而神秘的自然力量产生共同的感受，于是，原始人感知外部世界的“心象”便有了共同性。也就是说，群体意象是一个社会群体对身外世界的形象化表达，是众人“心象”的集合和升华。

龙，凤，还有麒麟、貔貅等，就是这样的群体意象。

多元容合

那么，龙凤是怎样容合起来的呢？

先说龙。

在古人心目中，身外世界是神秘、混沌、难以捉摸的，原始模糊思维的直观性和表面性，使他们不可能像现代人这样，将雷电、云、虹霓、海潮、泥石流、龙卷等分辨得清清楚楚；也不可能像几千年后的具有科学思维的人这样，运用丰富的生物学知识将蛇、鳄、蜥蜴、鱼、鲵，以及猪、鹿、熊、牛、马等动物的生活习性研究得明明白白。在他们看来，雷电、云、虹霓等在天上出现，都和雨相关，差不多是一类；鳄、鱼、鲵、蛇等在江河湖泊中穿游，都和水亲近，大体上也是一类；猪、鹿、熊、牛、马等动物也都离不开水——河马、水牛更是水中物。而且，天上的雨，落到地上便是水；水升到天上，再朝下落，便是雨。既然天上下的雨和地上流的水是一回事，那么，和雨相关的云、雷电、虹霓、龙卷等，就和在江河湖泊中穿游的鳄、鱼、鲵、蛇等差不多都是一回事了。雨水适度，牧草丰茂，谷物有成；雨水缺乏，叶草干枯，百谷旱绝；雨水过量，人畜受淹，农田泡汤。生产和生活不能不依赖雨水，雨水却常常让人们依赖不上。再看那些与雨水相关的物象：云团滚滚翻卷，变化万方；雷电叱咤长空，霹雳千钧；虹霓垂首弓背，色相瑰奇；龙卷吸水带物，掠人畜，毁屋田；还有大小不一、脾性不同、长短参差、阴森怪异的鳄、鱼、蛇、蜥蜴，等等，这一切是多么神秘，多么雄奇，多么可怖可畏啊——令人惊惧不已！

于是，古人猜想：一定有一个“神物”，主管这一切，总领这一切，支配这一切，排演这一切。这个神物，体型应该是很大的，而且是能大能小的；肤色是多样的，而且是能明能暗的；还应当是有头有尾的，能起能卧的，擅爬会游的，弯转曲折的，快速行进的；总之是能量巨大的，善于变化的，天上可飞、水中可藏的，容合了种种“水物”特性的，并且它和雨水有着特别密切的关系。

该怎么称呼这个神物呢？人们发现，雨水降临时，往往乌云汹涌，电光闪闪，还有“隆隆”的雷声相伴；海潮涨落，龙卷吸水，泥石流下山，也都发出“隆隆”的声响；而“隆隆”声本身具备着粗壮、雄浑、深沉和悠远等特点，给予人的感觉是恐怖、壮烈、崇高和神秘。于是，人们就取其声，将这个模糊集合、多元容合起来的“神物”，以“隆（long）”这个音呼之了。

神物的发音是拟声，神物的形象该是个什么样子呢？一些人说像其部族崇拜的蛇，一些人说像其部族崇拜的鳄，一些人说像其部族崇拜的鱼，一些人说像其部族崇拜的鲵，一些人说像猪、鹿、熊、牛，还有一些人说像云、闪电、虹霓、龙卷；也可能今天看像这个，明天看像那个，后天看又像另一个；还可能觉得既是这个又是那个，升到天上就是云、是雷电、是彩虹，落到水中就是鳄、是鱼、是鲵、是蛇，来到陆地就是猪、是鹿、是熊、是牛。这就是模糊思维，模糊思维是不讲逻辑、意识不到矛盾的。

考古发现为我们的观点提供了支持，如果按其主要的取材对象来划分，在新石器时代兴隆洼文化、赵宝沟文化、仰韶文化、红山文化、马家窑文化、大溪文化、良渚文化、凌家滩文化、龙山文化、屈家岭文化等区域类型文化中，先后发现有“蛇形原龙”“鳄形原龙”“鱼形原龙”“鲵形原龙”“猪形原龙”“鹿形原龙”“熊形原龙”“牛形原龙”“虎形原龙”“鹰形原龙”等十余种。

辽宁阜新查海遗址出土的石砌龙（兴隆洼文化）

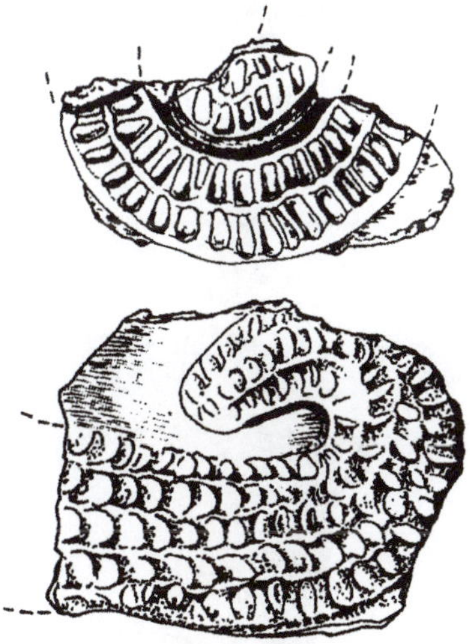

辽宁阜新查海遗址出土的
龙纹陶片（兴隆洼文化）

内蒙古赤峰敖汉旗小山遗址出土的龙纹
陶尊展开图（赵宝沟文化）

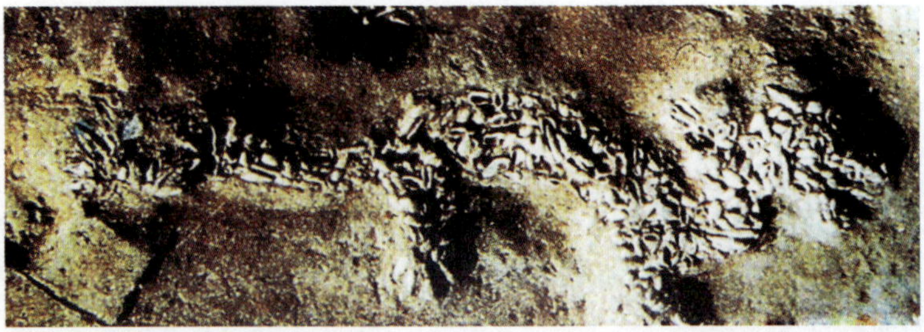

河南濮阳西水坡 45 号墓出土的蚌砌龙（仰韶文化）

湖北黄梅焦墩遗址出土的河卵石摆砌龙（大溪文化）

内蒙古赤峰翁牛特旗赛沁塔拉村出土的玉雕龙（红山文化）

甘肃甘谷西坪遗址出土的鲵龙纹陶瓶（马家窑文化）

浙江余杭瑶山遗址出土
的龙首镯（良渚文化）

安徽含山凌家滩遗址出土的
玉雕龙（凌家滩文化）

山西襄汾陶寺遗址出土的蟠龙纹彩陶盘（龙山文化）

山东昌乐骨刻文龙字（龙山文化）

造字的时代到了，需要给这个以“隆”音呼之的神物搞个符号了。老祖宗最初造字，多以“象形”为之。那么，让这个神物像什么形好呢？有人说像鳄，就造了几个像鳄的“龙”字；有人说像蛇，就造了几个像蛇的“龙”字；还有人说像闪电，就再造几个像闪电的“龙”字；另有人说身子像鳄、像蛇还像闪电，头却像猪、像鹿、像牛还像马，那么就造几个像这又像那的“龙”字好了。于是，甲骨文和金文中便有了各式各样的“龙”字。后来，逐渐演化，直到最后简化成现在这个“龙”。

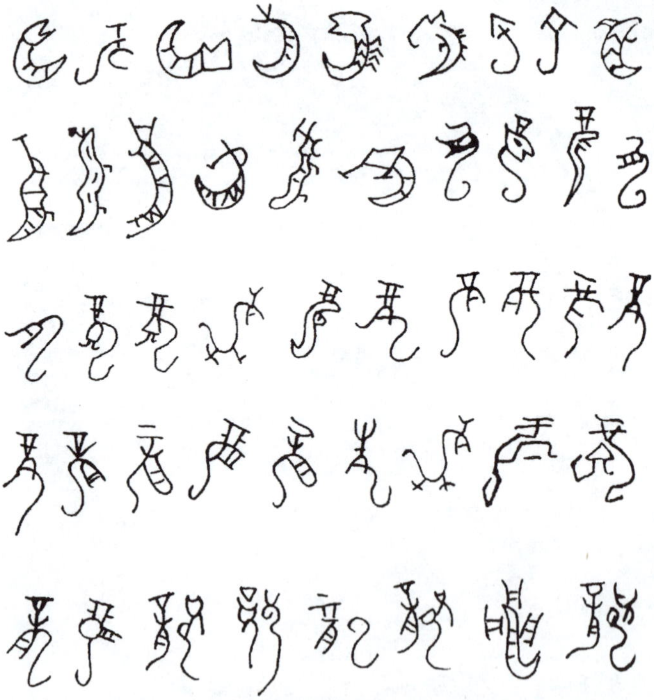

甲骨文、金文中的龙字

这样，笔者就可以这样说了：龙是中国古人对自然界中的蛇、鳄、蜥蜴、鱼、鲵、猪、鹿、熊、牛、马等动物，和雷电、云、虹、龙卷等天象经过多元容合而发明、展现的一种神物。先民们是以现实生物和自然天象为基础，将自己的对身外世界的疑惑、感悟、理解、认知、想象、畏惧、崇拜等，都贯穿、投注、体现到龙的多元容合中了。显然，龙的多元容合是一种模糊容合。

从审美的角度来看，龙无疑是古人的一种艺术创造。它是从一个个具体物象而来，经过由众多人参与的模糊容合，形成一个建立在各个具体物象之上，又蕴含着各个具体物象的新的形象。它的形成过程，是一个“源于生活又高于生活”的过程，其间渗透着、灌注着古人的神话猜想、宗教体味、审美快感和艺术情趣。

龙的容合过程是模糊的，这个“模糊”，既表现在容合对象的多元，即取材的多样性，也表现在容合结果和容合对象之间在一定的条件下可以互代。因此，人们既将容合而来的神物称龙，有时又将蛇、鳄、鱼、蜥蜴、鲵，或猪、鹿、熊、牛、马等动物都称为龙。古书上讲的“畜龙”“豢龙”“御龙”“屠龙”“食龙”等，当然不会是成为神物的龙，而是龙的某种容合对象。另外，模糊思维使古人将某种动物称为龙的同时，也将一些天象视为龙。

再说凤。

凤的取材对象非常广泛，不但有长翅膀的禽鸟，还有没长翅膀的走兽；不但有天上飞的，树上栖的，还有地上跑的，水中游的。可以说，大大小小、形形色色、方方面面的许多动物和天象都进入了凤的容合过程。当然了，凤的外在形象和精神内涵主要还是取自于禽鸟，这点是笔者要特别强调的。

禽鸟与原始先民们的日常生活关系非常密切。在崇拜鸡的部族心目中，鸡不但能给人们提供食物，而且羽毛绚丽漂亮，鸣声嘹亮，能把太阳呼唤出来，也许它就是太阳的化身。在崇拜燕的部族眼中，燕被视作生命之源、氏族之根，它色玄身轻，最能和人亲近，而且还是春天的预报者。在崇拜乌鸦的部族眼中，乌鸦成了太阳神鸟，它们不但能驮着太阳运行，还能立在太阳之中。在崇拜孔雀的部族眼中，孔雀是最美丽迷人的鸟儿，它们形体大，尾巴长，羽衣华丽，鸣声高昂响亮，很能吸引人的注意力。而在崇拜鹰的部族眼中，只有鹰才是当仁不让的空中霸主，它们体型大，力气大，凶猛凌厉，能把鱼、蛇、鼠、兔、羊等一下子叼到空中，是最厉害的鸟儿了。所有凤的容合对象，都在先民们的心中产生了或惊叹，或喜欢，或惧怕的感受，而这些感情进而又演变成崇拜的心理。后来，随着氏族部落的融合，先民们又面临新的问题：氏族有首领，邦国有国王，这些禽鸟也该有自己的王！谁来当这个王呢？一些人说应当由鸡来担任，一些人说应当由燕来担任，一些人说应当由乌鸦来担任，一些人说应当由鹰来担任……说法很多，莫衷一是。

后来，一些人又提出了另外的看法：上面说的那些鸟再好也还都是凡鸟，而鸟王应该比所有的凡鸟更高妙，更漂亮，本领也更强大。它是神鸟，能将凡鸟们所具备的优长都吸纳起来、集中起来。这样的观点很快占了上风。于是，大家又纷纷想象和建构起神鸟的样子来。有的说，这个神鸟应该是拥有鸡头鸡喙、燕的下颌；有的说，还有鹳鸟的脑门儿、鸳鸯的腮帮子；有的喊一句，再加上蛇的脖子、鱼的尾巴；有的讲，还有龟或者虎的脊背、鸿雁的姿势呢……七嘴八舌，说来说去，神鸟的形象就大体上有了个谱儿。

山东昌乐骨刻文凤字（龙山文化）

这个神鸟应该有个名字，叫什么好呢？人们想，神鸟是要在天上飞的，要飞就得长翅膀。神鸟的翅膀一定是很美丽很漂亮的。这美丽漂亮的翅膀一扇起，必定会产生一阵风的，并发出“风（feng）”的声音，读起来挺顺口，也还亮堂，那么，就把神鸟唤作“风”吧。造字的时候到了，给神鸟造个什么样的字呢？这也不难，就比照鸟儿翅膀的样子造好了。这样，第一批“风”字就问世了。

甲骨文、金文中的凤字

关于龙和凤的得名，刘文英先生的研究为我们提供了佐证：“模拟性的谐声，就是通过一种或一组具体的声音形象，模拟对象发出的声音或与之相关的声音，从而在听觉上直接把握它所指称的对象，并理解其中的意义。它的特点是，不能从整体上提供对象的视觉形象，而只能部分地突出其声音特征。用这种方法摄取、储存和交换信息，操作上也比较简单。当人类祖先的发音能力达到相当水平时，很容易利用谐声来指称对象。在每一个民族的语言中，都有一部分音节词汇，是通过谐声而产生的。”[6] 155

形象和发音有了，名字也有了，凤这位神鸟，这位美丽和神奇的鸟王，这位汇集了众鸟之长、可以代表众鸟出面的“群体意象”，就开始扬起头颈，振翅展翼，舒喉亮嗓，在中华大地之上穿云破雾，凌空飞翔了。从此，鸟儿们有了自己的首领，人们也有了一个渗透和体现着族众智慧和情感的崇拜对象。也由此，产生了中国传统文化中的一个美妙别致、内涵丰富、不可多得的象征符号——凤凰。

于是，笔者就可以这样说了：凤是中国古人对自然界中的鸡、鹰、燕、乌鸦、鹤、鹑、鸿、孔雀、鸵鸟等动物，和太阳、风等天象经过多元容合而发明、展现的一种神物。与龙一样，凤的多元容合也是一种“模糊集合”，即不清晰、不精确、不唯一地将有关联的，习性、形状相同、相似、相近甚至相反的种种对象合成一个“神物”，然后加以崇拜。显然，这样的容合具有多像而不确指、多元而不唯一、多变而不固着的特点。

笔者说过，古人主要是以原始模糊思维对待身外世界的，他们很可能一方面认为凤是对鸡、燕、乌鸦、孔雀、鸵鸟等的容合，另一方面又把鸡、燕、乌鸦、孔雀、鸵鸟等具体的禽鸟当作凤看待，因为进入古人视野的只能是凤的一个个“模特儿”，而作为神物的凤在自然界里是看不到的。取材对象的多元、不唯一，导致了容合结果的多像、多变、不确指和不固定。在古人眼里，在天上飞的鹰雕是凤，在草下栖的鹌鹑也是凤，在水边落的鸿雁可以是凤，在水中游的鸳鸯也可以是凤，而且古人还很可能将鹰雕、鹌鹑、鸿雁、鸳鸯、孔雀、鸵鸟等禽鸟看成是凤的化身或分身——同一个东西，同一时间在不同的地方出现，或者相同地方出现不同时间的东西，这在现代人看来不可能发生的事情，在古人心里却是很寻常的事情。而笔者前面对凤的容合过程的描述是提纯、概括和条理化了的。容合总体上讲是一种意象的“类化”，即由“个别”到“一般”，由“广泛”到“集中”，由“自然”到“超自然”，其具体过程不会那么清晰、有序。它很可能是混沌的，非逻辑的，反复多变、杂乱多绪、实像和虚像相混的，对象和对象之间，对象和结果之间，常常是替代互换的。

湖南洪江高庙遗址出土的凤纹陶器 1（高庙文化）

在属于我国新石器时代高庙文化、赵宝沟文化、河姆渡文化、良渚文化、仰韶文化、马家窑文化、红山文化、大汶口文化、龙山文化的多个区域内，分别出土有鸡形凤、鹰形凤、鹑形凤、乌形凤、燕形凤、鸮形凤、鹄形凤、鹳形凤、鹤形凤、雀形凤……至于凤纹同太阳纹、旋风纹、云气纹、花草纹等自然纹象组合在一起的图案就更多了。所有这些考古发现，都为笔者的“多元容合—模糊集合说”提供着证据。

湖南洪江高庙遗址出土的凤纹陶器 2
（高庙文化）

内蒙古巴林右旗出土的凤形玉佩饰
（红山文化）

内蒙古翁牛特旗解放营子乡北山村出土的凤型陶杯（赵宝沟文化）

浙江余姚河姆渡遗址出土的双凤朝阳纹象牙蝶形器（河姆渡文化）

浙江余姚河姆渡遗址出土的双头凤纹骨匕（河姆渡文化）

浙江吴兴钱山漾遗址出土的卧凤纹（良渚文化）

浙江吴中区草鞋山遗址出土的走凤纹（良渚文化）

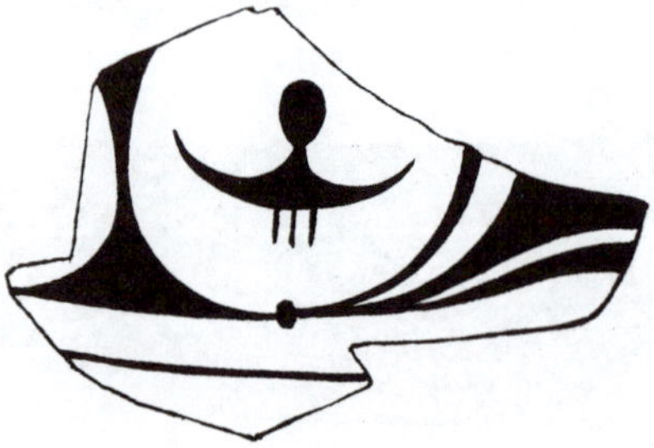

河南陕县庙底沟遗址出土的凤鸟纹陶片（仰韶文化）

第二章 龙凤敬祖民俗

敬祖民俗是敬祖观念的仪式化和行为化。

敬祖观念的产生有其天然合理性：人都是父母生、长辈养的，所谓“祖祖辈辈”，没有“祖祖”，哪来的“辈辈”？所以，“祖”是根、是源。中华文化以伦理为根基，伦是等级、次序，理是准则、道理；伦理简要地理解就是等级、次序的准则和道理。于是，敬祖观念就是伦理的题中之义。《论语·学而》记：“曾子曰：慎终追远，民德归厚矣。”朱熹解释说：“慎终者，丧尽其礼；追远者，祭尽其诚。”（《朱子集注》）显然，无论“丧尽其礼”还是“祭尽其诚”，目的都是为了“民德归厚”。儒家讲“慎终追远”，有导致中国古代厚葬、久丧之陋俗形成的一面，也有维系家族和睦、习养孝悌行为，凝聚族众力量，传承民族精神的一面。

中华民族的人文先祖，大都有作为历史人物的事实依据，也有作为神话传说的想象成分。对这些先祖的崇拜，也和自然崇拜、图腾崇拜、英雄崇拜、生殖崇拜等交织在一起，而龙和凤，则是这些崇拜的主要象征物，由此产生了一系列民俗。

中华人文先祖与龙凤民俗有密切的关系，人们将伏羲、女娲、炎帝、黄帝等比龙、称龙，炎黄子孙、华夏儿女，都是中华人文先祖的后裔，人文先祖是龙，后裔自然是人文意义上的“龙的传人”。

伏 羲

对伏羲，可以有三种理解，或者说三种指向：其一，伏羲时代；其二，伏羲氏族；其三，伏羲其人。

伏羲时代，指的是农耕文明之前的渔猎采食时代，和渔猎采食时代向农耕文明过渡的时代。中国新石器时代早、中期是这个时代的时间框架，也即从约公元前 8000 年到约公元前 3500 年，大约 4500 年的光景，都属于伏羲时代。

伏羲像 1（宋・马麟）

伏羲氏族，是说一位伏羲肯定活不到四千五百年，故伏羲可指一个氏族，或氏族集团，或氏族支裔，这个族称或名号传了好多代。

伏羲其人，指以伏羲为族称或名号的氏族或氏族集团、氏族支裔的首领，这首领也不是一个人或一代人，而是好多代、好多人。也就是说，所谓伏羲，实际是一个概称。

传说伏羲有许许多多了不起的业绩，如结网罟、养牺牲、作甲历、造琴瑟、画八卦、造书契、

伏羲像2（甘肃天水）

制嫁娶，等等。当然，最重要的还是他和女娲成婚繁衍了人类，因此成了中华民族的“人祖”。

最早将伏羲与龙联系起来的古籍，是传为春秋末期鲁国史官左丘明所著的《左传》。在《左传·昭公十七年》中有这样的记述：“郯子曰……太皞氏以龙纪，故为龙师而龙名……”西晋时的杜预对这句话作注曰：“太皞伏羲氏，风姓之祖也，有龙瑞，故以龙命官。”

关于“龙师”，唐代颜师古注引东汉应劭言：“师者，长也。以龙纪其官长，故为龙师。”[7]看来，“龙师”就是部落里的师长、长官、首领，即掌握一定权力的人。有学者认为：“龙师者，就是握有龙头权杖的人，是公权力的执行者，是代表伏羲领导龙师所辖各部落的首领。龙师既是部落联盟分部的名称，又是分部首领的官职称谓。后来，加入联盟的部落越来越多，龙师也越来越多，龙师便成了伏羲所领导的大部落联盟的代名词。”[8]

“以龙名官”是怎么回事呢？《古三坟》引《太古河图代姓纪》中的说法为：“时龙马负图，盖分五色，文开五易，甲象崇山。天皇始画八卦，皆连山名易，君臣、民物、阴阳、兵象始明于世……命臣飞龙氏造六书……命臣潜龙氏作甲历，伏制牺牛，冶金成器，教民炮食……因龙出而纪官，因凤来而作乐。命降龙氏何率万民，命水龙氏平治水土，命火龙氏炮冶器用，因居方而置城郭，天下之民号曰天皇。太昊伏羲有庖升龙氏，本通姓氏之后也。”元人金履祥在《御批通鉴纲目前编·卷首》中说：“太昊因龙马负图出于河之瑞，始名官，而以龙纪，号曰龙师。命朱襄为飞龙氏，造书契；昊英为潜龙氏，造甲历；大庭为居龙氏，治屋庐；浑沄为降龙氏，驱民害；阴康为土龙氏，治田畴；栗陆为水龙氏，繁滋草木，疏导泉源。又命五官：春官为青龙氏，又曰苍龙；夏官为赤龙氏；秋官为白龙氏；冬官为黑龙氏；中官为黄龙氏。”

按以上所说，伏羲部族至少有 13 个官职（也可能是分部）以龙为名：飞龙氏、潜龙氏、降龙氏、水龙氏、火龙氏、升龙氏、居龙氏、土龙氏、青龙氏、赤龙氏、白龙氏、黑龙氏、黄龙氏。

西晋皇甫谧《帝王世纪》言：“有大人迹，出于雷泽，华胥履之，而生庖牺。”庖牺即伏羲。这是说，伏羲是其母华胥氏踩踏了雷神在雷泽留下的“大人迹”而孕生的。于是可以这样推理：雷电是龙的重要取材对象之一，闪电为龙之形态，雷声为龙之发音，雷神就是龙神，雷神的儿子也就是龙神的儿子，龙神的儿子当然是龙。

东晋王嘉在《拾遗记》中还记载了一种说法：“春皇者，庖牺之别号。所都之国有华胥之州，神母游其上，有青虹绕神母，久而方灭，即觉有娠，历十二年而生庖牺。”虹也是龙的容合对象。说伏羲受孕与虹有关，也可认为是说伏羲受孕与龙有关。

伏羲还生就一副“龙相”。《拾遗记》称其“长头修目，龟齿龙唇”；《春秋元命苞》称其“龙颜”；《春秋合诚图》言其“龙身牛首”“龙唇龟齿”；《白虎通》说伏羲“鼻龙状”；《玄中记》直言“伏羲龙身”。

另有说伏羲为“蛇身”的，如《列子・黄帝篇》：“庖羲氏……蛇身人面，牛首虎鼻。”《帝王世纪》：“庖羲氏……蛇身人首。”蛇是龙的主要容合对象，龙的身躯主要取材于蛇，因而，蛇身也就是龙身。

“始作八卦”是伏羲的重要功绩，这一功绩也被认为与龙有关。所谓伏羲“受龙图，画八卦”（《宋书符瑞志》）；“上古伏羲时，龙马负图出河”，伏羲参照此图，“以画八卦”（《古今图书集成・职方典》）。关于“龙马”，一说是具有龙性之马；一说是马头龙身，即既像龙又像马，龙马合体：不管怎么说，都与龙发生了关系。

后世称伏羲首创龙图腾，主要根据是伏羲曾“以龙纪，故为龙师而龙名”。闻一多先生在《伏羲考》中提出了著名的“图腾兼并说”，但还没有明确指出伏羲以龙为图腾。明确指出伏羲“以龙为图腾”者，是 1991 年由上海辞书出版社出版的《中国文化史年表》。随后，在 2004

年10月18日宣读的《首届中华姓氏文化节公祭太昊伏羲氏文》中，有“龙之图腾，从兹肇始”之语。[9]83 2006年，穆仁先在《周口——中国“神话之都”》中说：“相传伏羲建都于宛丘后，先后征服了九大部落。伏羲的图腾是蟒蛇，其他部落也都有自己的图腾。伏羲每征服一个部落，便在自己的蟒蛇图腾上添加这个部落图腾的一部分。经过多年的征服，伏羲在蟒蛇图腾上加上了老虎的眼、长鲸的须、巨蜥的腿、苍鹰的爪、红鲤的鳞、白鲨的尾……于是，一个新的图腾形象产生了。新的图腾叫什么名字呢？是年九月初五，伏羲在召集九大部落首领商讨结盟大事时，忽然乌云四合，天空划过一道闪电，那耀眼的闪光极像新的图腾，紧接着传来‘轰隆隆’一阵巨响。伏羲顿有所悟，他就把新图腾定名为‘龙’……龙图腾的诞生，标志着中华民族的第一次大统一。从此，‘龙’就成为中华民族的象征，中华儿女便开始称自己是‘龙的传人’。”[10]

河南周口一带，还流传着“龙的来历”和“伏羲降龙”的传说。前者讲混沌世界产生太极圈，太极圈变成宇宙蛋，龙头凤嘴的伏羲于此蛋中诞生，因伏在那里而称伏羲。后伏羲将宇宙蛋撑开，一半为天，一半为地。钻出蛋壳的伏羲左眼为日，右眼为月，日月之间还生有一只天眼。这天眼先后张开了七回，依次生成了鹿角、牛耳、虎面、虾须、鱼鳞、鹰爪、蛇身——变成了一条龙。后者讲西方某地有黄龙作恶，伏羲用铜锅将潭水烧滚，使黄龙出水，然后乘大龙，持青龙拐棍与黄龙斗。黄龙斗不过伏羲，便朝东海逃去。其经过的地方，出现一条大河，即为今天的黄河。两则传说，一则将伏羲与盘古等同，却以变龙为终结；一则将伏羲比作降服恶龙的善龙。[9]108

唐代司马贞《三皇本纪》言：“太皞庖牺氏风姓，代燧人氏继天而王。”此说将伏羲与太皞合二为一。太皞即太昊（也作太皓），东夷族的首领和祖先神，五帝之一。史载太昊率领的部族以风为姓，故也称“风夷”。在古代文字中，“风”和“凤”是同一个字，因此，“风夷”也可视作“凤夷”——崇拜凤凰之夷。夷人被称为“东方鸟夷羽民”（《大戴礼记·五帝德》），“被服容止，皆像鸟也”（《汉书·地理志》颜师古注）。

一般认为，"伏羲"以龙名官"，是崇拜龙，或以龙为图腾的，但伏羲与凤也多有联系。《周易·系辞下》言伏羲是在"仰则观象于天，俯则观法于地，观鸟兽之文与地之宜，近取诸身，远取诸物"的基础上才创作八卦的。这期间的"观鸟兽之文"就与凤有关，因为凤是"百鸟之王"。

河南淮阳有关伏羲的民间传说中，也有与凤有关的内容。如：亘古的时候，混沌世界在旋转中产生了一个太极圈，太极圈逐渐演变成宇宙蛋。十万八千年后，宇宙蛋里产生了一个巨人，他有龙的头、凤的嘴，长长的身子伏在那里，故名伏羲。后来，睁开了眼睛的伏羲，用他的凤嘴将宇宙蛋啄出了一个小孔，伏羲在从孔中朝外飞时，将宇宙蛋撑为两半，一半为天，一半为地。此传说的可取之处在于，在将伏羲说成龙的同时，也没有忘记凤，将凤说成是龙的一部分，尽管占的位置不大，却也是重要的。

再如：相传古时，淮阳北关蔡河漂来一个生有双角的人头骨，正巧孔子周游列国来到这里，乡民就请孔子辨认。孔子认出此骨是伏羲的，并言得找块风水宝地将其安葬。找来找去，找到后世的太昊陵这个地方。当时这里是个大坑，由时任陈州知府亲自挖成。原来，这里曾落过凤凰，知府认为落凤处必有珍宝，于是就挖了个大坑，没想到刚好做了伏羲的葬地。于是，便有了"凤凰点穴，知府掘墓"之说。[9]158

在黄河流域，旧时民间常给小男孩的脑袋前方，留一块名为"茶壶盖"的头发，有民俗学者认为，这其实是"鸟啄"，头发长了，跑起来扑扑闪闪，像个小鸟；在小男孩的脑袋后面，又常留有一撮头发，名叫"龙尾"或称"龟尾"。这种"鸟啄"与"龙尾"，其实是太昊伏羲氏龙凤图腾崇拜的遗留，反映的是"龙凤合璧""龙凤呈祥"的俗信。

祭祀伏羲的民俗在甘肃天水和河南淮阳自古传承。天水伏羲庙祭祀活动自明成化十九年（1483 年）开始，一直延续至今。祭祀规格因历史时期不同而有差别，明代最隆盛，采用太牢（古代帝王祭祀社稷时，牛、羊、猪三牲全备即"太牢"）规格，祭文由朝廷颁发，一年祭两次，

太昊陵庙会上的“担经挑”舞蹈（袁东升 摄）

一次祭三日。清代简化了祭祀程序，仪礼从略。民国时期更为简略，由民间祭祀组织上元会主持祭祀。中华人民共和国成立后，逐渐恢复了清代的祭祀规格，祭祀日期改为正月十五日至正月十七日，分为迎礼、大典、送礼三个单元。从 2005 年开始，每年祭典由甘肃省政府主办。

泥泥狗“人龙之根”（河南淮阳）

河南省淮阳县每年农历二月二日至三月三日，都要在城北 1.5 公里处的太昊陵举办朝祖进香祭祀大典，同时举办庙会。庙会高峰期，参会群众每日多达数十万人，影响波及河南、河北、安徽、山东、湖北等省。庙会上有舞龙表演和各种说唱、杂技演出，尤其是一种被称作“担经挑”（也称“担花篮”）的祭祖娱神舞蹈比较独特。此舞的源头可追溯至远古时的巫舞“龙花会”——“龙”指伏羲和女娲，伏羲为“大龙”，女娲为

"小龙","花"指以担花篮的形式兴起的祭祖和求子的活动。该舞多由年长妇女表演，舞到高潮处，舞蹈者走到中间时会背靠背而过，如果穿的是传统舞装，这时身后的黑纱长尾就会碰绕在一起，象征伏羲、女娲相交之状。此动作与汉代画像石上的伏羲、女娲人首龙身交尾像相吻合，当属原始生殖崇拜的一种遗俗。另外，庙会上还有被国内外一些专家誉为"真图腾""活化石"的"泥泥狗"出售。其中一款被称作"人龙之根"，其头角、嘴巴似龙，腿间一兽似龙似猴，和身下的"人根"相接。整个作品将自然崇拜、生殖崇拜、祖先崇拜等融为一体，耐人寻味。

女　娲

女娲，原始社会部落联盟首领，创造大神。这样的说法其实有三层意思：其一，作为部落联盟首领，女娲是人；其二，作为创造大神，女娲是神；其三，女娲既是人，又是神，是由人而神。

对女娲，可以有以下认识——

第一，和伏羲一样，女娲也可以有三种理解或者说三种指向：其一，女娲时代；其二，女娲氏族；其三，女娲其人。

第二，史籍和民间传说多言伏羲和女娲的母亲是华胥。如清人梁玉绳《汉书人表考》卷二引《春秋世谱》："华胥生男为伏羲，女子为女娲。"我们可以理解成华胥早于伏羲和女娲，华胥氏族是伏羲氏族和女娲氏族的母系氏族。

第三，史籍和民间传说多将伏羲和女娲说成是兄妹关系。我们可以将他们理解为两个人，也可以理解为两个氏族。学界有观点认为女娲早于伏羲，也有观点认为伏羲早于女娲。笔者认为，既然是兄妹关系，就是同时代人或同时代的氏族。这样，女娲就和伏羲一样，贯穿了新石器时代的早期和中期，大约传承了4500年。而前面笔者讲的伏羲

女娲像（河北涉县）

时代就也可以称为女娲时代，或伏羲女娲时代。

第四，伏羲是男性，女娲是女性。这样看来，旧石器时代晚期是母系氏族社会，以伏羲、女娲的母亲或母族华胥氏为代表。新石器时代的早期和中期是父系氏族社会和母系氏族社会并存的社会，或者说是母系氏族社会向父系氏族社会过渡的社会，以伏羲、女娲为代表。

第五，史籍和民间都有伏羲和女娲成婚的传说。如唐代李冗所撰《独异志》卷下云："昔宇宙初开之时，只有女娲兄妹二人在昆仑山，而天下未有人民，议以为夫妻，又自羞耻。兄即与其妹上昆仑山，兄曰，'天若遣我兄妹二人为夫妻而烟悉合；若不使，烟散。'于是烟即合，其妹即来就兄，乃结草为扇，以障其面。《路史·后记二》注引《风俗通》："女娲，伏希（羲）之妹。"唐代卢仝《与马异结交》诗云："女娲本是伏羲妇。"如果将伏羲、女娲理解为有血缘关系的兄妹，那么其通婚就是族内婚。如果将伏羲、女娲理解为伏羲氏族和女娲氏族是两个不同的氏族，那么他们的通婚就是族外婚。族外婚意味着婚姻当事人在本人所属的一定社会集团以外选择配偶，相对于族内婚，族外婚是人类繁衍史上的重大进步。

第六，如果将伏羲和女娲理解为不同氏族的两个具体的男女，那么，他们的婚姻就可能是对偶婚。族外婚意味着当事人在本人所属的一定社会集团以外选择配偶，但所选择的配偶并不固定。而对偶婚则是两厢情愿、不受约束地稍固定地成对同居，相对于族外婚，对偶婚又向文明社会迈进了一大步。

第七，前面笔者将伏羲时代框定在约公元前 8000 年至约公元前

3500 年范围内，并推断在这约 4500 年间，大概会有一百多位伏羲。比照伏羲的情况，女娲也会有一百多位，即至少有一百多人或一百多个部族、支系，袭用“女娲”的名号。

全国各地有女娲遗迹如女娲山、女娲谷、女娲洞、女娲庙、女娲宫、娲皇宫、女娲城、女娲像、女娲碑、女娲墓、女娲陵等达数十处甚至百余处，影响较大者有陕西骊山、甘肃天水、陕西平利、山西吉县、山西永济、山西洪洞、河北涉县、河南西华、河南沁阳、山东淄博、湖北竹山等地。显然，这些地方都有可能是女娲的故里，即女娲出生、居住、生活过的地方，只是这些女娲不一定是一个女娲而已。

据古籍载，女娲的功绩主要有炼石补天、抟土造人、置婚姻、作笙簧等。其炼石补天与龙有关。《淮南子·览冥训》载：“往古之时，四极废，九州裂，天不兼覆，地不周载，火爁焱而不灭，水浩洋而不息。猛兽食颛民，鸷鸟攫老弱。于是女娲炼五色石以补苍天，断鳌足以立四极，杀黑龙以济冀州，积芦灰以止淫水。”

对“杀黑龙以济冀州”，可以有两点解读：其一，当时龙文化已发展到一定程度，龙族中已出现兴风作浪、祸害一方的恶龙。其二，恶龙是善龙的相对面，有恶龙必有善龙。能战胜恶龙者，必具备善龙的神性和功力——这暗示女娲是一条功力强大的“善龙”。

《淮南子·览冥训》言女娲“乘雷车，服驾应龙，骖青虬”“前白螭，后奔蛇，浮游逍遥”。如前所述，雷是龙的很重要的容合对象，龙的发音即取自“隆隆”的雷声，雷车也就是龙车；应龙是生有双翅的龙；青蛇、白螭都是龙属：由此看来，龙是女娲出行时不可缺少的乘御工具。

汉代王逸在为《楚辞·天问》中“女娲有体，孰制匠之？”一句作注时讲“传言女娲人头蛇身，一日七十化”；其子王延寿《鲁灵光殿赋》亦云“伏羲鳞身，女娲蛇躯”。还有，《帝王世纪》讲女娲氏“蛇身人首”，《列子·黄帝篇》言女娲氏“蛇身人面”，曹植《女娲画赞》云伏羲女娲“人首蛇形”，等等。长沙马王堆汉墓帛画中的女娲像，山东武

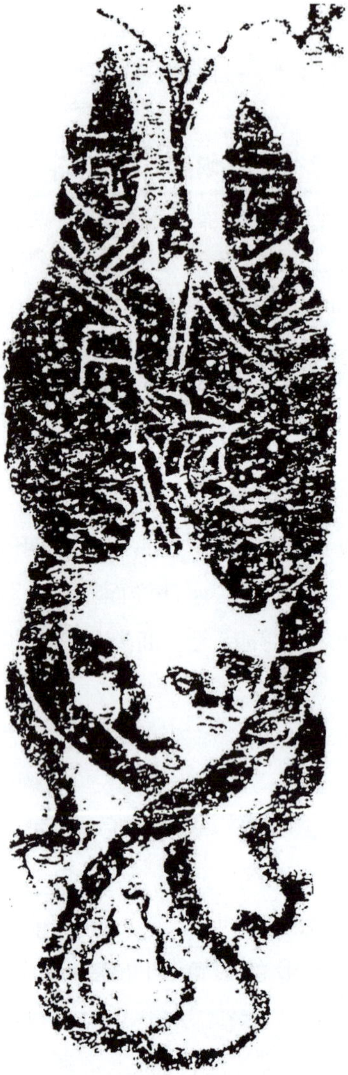

伏羲女娲龙身像 1
（汉代画像石）

梁、河南南阳、山东沂南等地汉墓出土的女娲像，都是人面蛇身。蛇是龙的重要的也是主要的容合对象，龙是蛇的升华，蛇可以变成龙，龙也可以化为蛇。那么，说女娲“蛇身”“蛇躯”“蛇形”，也就等于说女娲“龙身”“龙躯”“龙形”。而“一日七十化”之说，也与《易之义》所言的“龙七十变而不能去其文”之说相吻合。

另外，后世一些民间传说将女娲与龙联系在一起。如甘肃省秦安县陇城镇北门外有一口大井，世称龙泉，相传是女娲抟土造人之泉。

女娲也与风有关。

《帝王世纪》称：“女娲氏亦风姓也。”甘肃天水秦安县境内的“娲皇故里”，有风谷、风台和风茔；陕西潼关和山西芮城交界处的风陵渡，有传说为女娲陵墓的风后陵。《临潼县志》载：“风王庙，在风王谷。为祭风神之所，据传：天旱时风至谷出，为百谷病，因为之祭。又传女娲为风姓，风王庙为祭女娲氏之庙。”

凤和风崇拜有密切的关系。《说文》讲凤白天“翱翔四海之外，过昆仑，饮砥柱，濯羽弱水”，晚上则要“暮宿风穴”。看来，“风穴”是凤的家，起码也是它的出发点和归宿地。在甲骨文中，“凤”字和“风”字是很相似的，是可以互换的。卜辞中屡次出现的“遘大风”（“遘”为相遇之意），都指的是“遘大风”。郭沫若在《卜辞通纂》中言“卜辞以凤为风”，康殷在《文字源流浅说》中言“卜辞中多借凤为风字”。西汉马王堆帛书《天文气象杂占》中的“大风”之神，就是一个鸟的形象。

这样看来，“龙”“凤”在女娲身上合一，女娲既可以称“龙母”，也可以称“凤母”。

伏羲女娲龙身像 2（唐墓绢画）

女娲民俗各地都有。陕西骊山一带，相传农历正月二十为女娲生日。每年到此日，当地群众都要过“补天补地节”，家家户户都要烙“补天饼”吃。吃前先要将饼朝房顶上扔一张，以纪念女娲炼石补天的功劳。在陕西平利，当地群众相传女娲的生日是农历正月初七，每逢此日，以及随后的十月初四（伏羲生日）、腊月初八（女娲伏羲成婚之日），都要举行设坛、献供、上香、祭拜等各式各样的祭祀活动。在河北涉县，每年的农历三月初一至十八有娲皇宫庙会（传说农历三月十八日是女娲的生日），晋冀鲁豫四省数万群众于会，祭拜女娲，并有拴娃娃、开锁、坐夜、撒米面等民俗。

炎帝

炎帝，又称神农氏，远古炎黄族团联盟领袖。《尚书大传》《风俗通

炎帝像 1（陕西宝鸡）

义》《古微书》等古籍，都将炎帝列为“三皇”之一。《三皇本纪》：“女娲氏没，神农氏作。”

炎帝为姜姓，是伏羲、女娲的后裔少典族与有蟜（jiǎo）族的后代。第一世炎帝出生于西北黄土高原的姜水之岸（今陕西宝鸡市境内），其后代沿渭河、黄河上下迁徙，落脚、生息于黄河流域今陕西、甘肃、山西、河南、河北、山东等地，是为北方炎帝系统；另一支南迁，落脚、生息于长江流域今湖北、湖南等地，是为南方炎帝系统。炎帝是原始农业和原始医药业的发明者。

炎帝像 2（湖南株洲）

炎帝与龙的关系可以从不同的方面来考察。

先看古籍中的载述。

《国语·晋语》:"昔少典娶于有蟜氏，生黄帝、炎帝。黄帝以姬水成，炎帝以姜水成。"这条记载告诉我们以下信息——

第一，炎帝的母亲叫有蟜氏，或炎帝的母亲出自有蟜氏族。蟜,《说文》释为"虫",《玉篇》释为"毒虫";"虫"在古代首先指的是蛇，而蛇，是龙的主要容合对象。之外，蟜还有释为"虹霓""蚕""蜂"，蜂似乎远一些，而虹霓和蚕，也都是龙的容合对象。

第二，炎帝和黄帝具有同祖同宗的血缘关系。那么，如果说黄帝是龙，也就等于说炎帝也是龙。说黄帝是龙的载述如"黄帝龙颜"(《论衡·骨相》)、黄帝"自以为云师，有龙形"(《列仙传·黄帝》)等。

第三，炎帝和黄帝都是以"水成"，而喜水，正是龙的基本神性之一；龙的主要容合对象，如蛇、鳄、鱼、雷电、虹霓、龙卷等，都与水关系密切。

《潜夫论·五德志》:"有神龙首出常羊，感任姒，生赤帝魁隗。身号炎帝，世号神农，代伏羲氏。"《帝王世纪》:"炎帝神农氏，姜姓也，母曰任姒，有蟜氏女，名女登。为少典妃。游于华阳，有神龙首感女登于常羊，生炎帝，人身牛首，长于姜水。"《路史·后记》"炎帝……龙颜而大唇"。《古微书·春秋纬·卷之六》:"少典妃安登游于华阳，有神龙首感于常羊，生神子人面龙颜，好耕，是谓神农。又，安登生神农，人面龙颜，始为天子。"

这四条记述，告诉我们三则信息——

第一，炎帝是其母亲感应了神龙首后生下的，据此，可以判断炎帝在古人心目中，是一个"龙种"，或"准龙种"。

第二，炎帝的形象是人身牛首，而牛也是龙的容合对象之一，一些龙的角，就多取材于牛头。苗族同胞就绘制并崇拜牛龙、牛角龙——相传炎帝被黄帝打败后，退守南方，跟随他的苗民也跋山涉水最后落脚于西南山区；或说是炎帝这位中华民族的"农神""谷神"，最后成了管辖南方的天帝，被本是当地土著的苗民认做了自己的始祖。

第三，炎帝长着一副龙的容颜。

《山海经·海外南经》："南方祝融，兽身人面，乘两龙。"祝融被认为是炎帝的后裔。后代与龙的关系如此密切，可溯见其祖先与龙的关系亦非同寻常。

再看民间传说的描绘。

一类是直接说炎帝是龙子、龙——

传说一，炎帝的母亲女登在宝鸡天台山游玩时，一条巨龙腾飞而下，直向女登扑来。于是有孕，生下一个人体龙颜、头上长龙角的男孩，于是取名"神龙"。

传说二，炎帝的母亲安登（女登的别名）在山上牧羊，困睡在一个龙洞口。龙洞内住着九位龙子，这天都外出了，正好七龙子提前归来，发现安登，将其抱入洞中，放在龙床上，与其亲热。第二年安登生下一个肉球，从中蹦出一个男孩，是为炎帝。

传说三，炎帝误尝断肠草去世后，人们先是把他放入九龙泉让大家瞻仰，然后堆起柴草将其火化。熊熊火焰中炎帝化作一条赤龙飞上天空，接着，还将自己的胡须拔下，落地而成龙须草。

一类是说炎帝与龙有密切关系——

传说一，炎帝快降生的时候，其住地附近的九口井自动相互流通，从一口井中汲水，另外八口井中的水也会随着波动；天上也出现了九条龙，一直在他家屋顶上空盘旋着不走。炎帝出生后，其母亲女登曾在陕西宝鸡姜水东岸的九龙泉为炎帝洗澡，洗完澡后又骑上一条青龙，飞到蒙峪石洞隐居。其泉也因炎帝的出生和光临而显现出九条小龙。或言，炎帝生下来牛头人身或蛇身，十分丑陋，被弃于草丛之中。这时草丛中出现九条小龙，口喷温泉，形成一潭清水，为炎帝进行沐浴。

传说二，炎帝三岁时就拜见龙王，要求龙王施雨要均匀，龙王们也都听他的话。到他老死的时候，各处的龙王都争抢着要把炎帝的遗体埋葬在自己管辖的地方。最后，湖南酃县（今炎陵县）的龙如愿以偿，并在炎陵山下洣水河边留下了龙脑石、龙爪石等遗迹。

传说三，炎帝的妻子是龙女。两说，一说是炎帝驾驭六螭悬车，监视着太阳赶路。途中休息，在一棵蟠桃树下发现一位弹着玉琴的美女，于是一见钟情，结为百年之好，而这位女子的真实身份是龙女。另说龙女主动来到炎帝家，为其做饭洗衣，炎帝发现后藏其龙壳，使其不能回去，遂成为炎帝之妻。后来，龙女还向其父老龙托梦，给炎帝送来了由龙吐之气凝结成的宝药——冰片，让炎帝为百姓疗疾。

传说四，炎帝的母亲女登带着炎帝上山找东西吃，为了行动方便，她常将睡着了的炎帝放在一块能晒到太阳的草地上。炎帝醒后不见母亲，哇哇大哭。其声有时像小鹿叫，有时像小鹰啼。于是，就有白鹿跑来，以其奶水饲喂炎帝；就有山鹰飞来，展开翅膀为炎帝搭架遮阳。这则传说，意在说明炎帝的神异不凡。而鹿和鹰，也都是龙的容合对象。

传说五，在虫灾为患的时节，炎帝将自己的龙头拐杖化为一条火龙，或叫人用稻草扎成龙形，外裹红布或黄布，拴上铁丝网兜，内装炭球和辅助材料，龙身上也插满用艾叶制成的燃烧物，夜间点燃后沿田埂随风起舞，舞动之处焰火飞腾，繁星点点。其他人则呐喊助威，意在“诱杀成虫，吓破虫卵”。炎陵一带有舞“火星龙”的习俗，即源于此。这则传说，意在说明炎帝有司龙之职、用龙之能，而且说明龙高于虫，具有显灵、祥瑞、示威的神性。

传说六，湖北随州有神农架山，相传炎帝神农氏曾在此搭架采药，故名。而此山自古又有“神龙架”“神龙山”之称。由此可见，在老百姓心目中，“神农”与“神龙”具有同一性。又相传，炎帝曾在神农架黑龙洞斩杀了一条毒妖化成的孽龙，把龙骨肉碾碎化为鱼子，冬天放在地下河养育。春荒时节，成千上万的鱼子已长成成千上万尾小鱼，小鱼游出洞来为百姓解荒。至于鱼虱，那是毒龙心肝碎片所化，炎帝让其以毒攻毒，为百姓治病。这则传说，意在说明炎帝以净化龙族为己任，并能够化恶为善、变害为利。

其他相关的传说还有：炎帝养了一条龙犬，这条龙犬帮炎帝盗来了谷种；炎帝常年奔波，破烂的衣片落地变成了地衣，人称“老龙衣”；炎帝帮助善良的黑蛇打败凶恶的白蛇、修炼成真龙；炎帝死后葬入水底龙宫，等等。

另据何光岳考证：炎帝和黄帝都是华胥氏及伏羲氏的后代。[11]伏羲氏是“龙种”，生就一副“龙相”，又“以龙纪，故为龙师而龙名”。祖先是龙，一脉相承，其后代自然也是龙。而据葛文华考证：炎帝之炎不是两火相叠，而是两鱼相随的形象，反映的是一种原始的“鱼从”观念。[12]而喜水的鱼，正是龙的比较重要的容合对象。

与伏羲、女娲一样，炎帝也可以有三种理解或者说三种指向：其一，炎帝时代；其二，炎帝氏族；其三，炎帝其人。炎帝上承伏羲女娲，下接轩辕黄帝，笔者判断，其存世时间约在公元前 3500 年至公元前 3000 年，也就是说，炎帝时代大约延续了 500 年时间。

炎帝故里全国有多处，如陕西宝鸡、湖北随州、山西高平、湖南株洲等。哪一处为真呢？此问题在许多学者认可“炎帝多世说”后基本得到解决。按照《帝王世纪》讲的炎帝八世说，出生、活动并葬于陕西宝鸡的是第一世炎帝神农；出生、活动于湖北随州的是第二世炎帝临（或帝柱）、第三世炎帝承（或其后裔）；活动并葬于山西高平的是第五世炎帝明；活动并葬于湖南株洲今炎陵县白鹿原的是第八世炎帝榆罔。这也就是说，多处炎帝故里都可能是真的。

炎帝是崇龙族群的领袖，但炎帝族在崇龙的同时，也与凤关系密切。

“炎”字有“火光”“阳光”“旺盛”“极热”等意思，一般认为，炎帝族之所以称“炎”，是因为其族是一个崇拜太阳与火，且善于利用太阳与火的氏族。于是，一些古籍就将炎帝说成“火精”“日神”。如《淮南子·天文篇》：“南方火也，其帝炎帝。”《左传·昭公十七年》：“炎帝以火纪，故为火师而火名。”《白虎通·五行》：“炎帝者，太阳也。”在湖南株洲民间，有炎帝母亲女登曾梦见太阳落在怀中，后孕生炎帝的传说。

由于凤具有喜火、向阳等神性，常做火与太阳的象征物，于是，炎帝与凤就有了一而二、二而一的关系。《白虎通·五行》言炎帝的后裔祝融，“其精为鸟，离为鸾”，鸾类属于凤，乃凤之一种。民间亦有丹雀鸟赐炎帝五谷种籽、五色鸟驮炎帝飞至东海蓬莱岛，抱回一轮太阳，从而给大地带来光和热的传说。

另外，在陕西宝鸡一带，流传有炎帝出生后，仙鹿为其喂奶、神鹰为其遮阳的说法。鹰是凤的取材对象之一，神鹰与凤的距离更近——在古代中国，对任何鸟禽的神化都通向凤崇拜。

陕西炎帝陵坐落在宝鸡市南郊七公里的常羊山上，由陵前区、祭祀区、墓冢区三大部分组成。当地群众以农历七月七日作为炎帝祭日，之外，每年的清明节、重阳节及公历 9 月上旬的某个吉日，也多有祭祀活动。进入 21 世纪后，祭祀活动增加了取水仪式，即在举行祭祀大典的前一天，由身着祭服的长老在喜庆唢呐、华盖仪仗和几百名群众的簇拥下，到附近的神农祠九龙泉，用“龙瓶”吊取“龙泉圣水”，然后将其水供奉于炎陵大殿炎帝像前。祭祀大典以传统仪式进行，之后有音乐歌舞和巨龙腾空表演。巨龙由气球牵引，在礼炮齐鸣中冲上云霄，将大典推向高潮。

山西炎帝陵位于高平市城东北 17 公里处的庄里村，俗称“皇坟”。当地传说称：炎帝某天为救部下性命上山采药，接连中毒 70 次，腹痛难忍，不能骑马，只好下马让人抬着走，于是这个地方就叫“换马村”。走了一段路后，人们发现炎帝不省人事，怎么呼唤也唤不应，因此这个地方得名“不应村”，后来演变为“北营村”。炎帝死后，人们把炎帝抬在一个山沟里停尸，后人遂称此沟为“卧龙湾”。炎帝装殓之地就称为“装殓村”，后谐音“庄里村”。陵后有庙，谓之“五谷庙”。庙内正殿内神台高约 1 米，刻有雕刻精美的龙、麒麟、鹿、花卉等浮雕图案，为宋金遗物。每年的农历四月初八，是民间祭祀炎帝的日子，届时五谷庙有庙会，会期将近一个月。

湖南炎帝陵位于湖南省株洲市炎陵县城西南 15 公里处的炎陵山山麓。其祭典分为官祭和民祭两种。官祭从宋代乾德五年（967 年）起见于史籍，明代官祭约 15 次，清代有 38 次之多。祭祀方式包括文祭、物祭、火祭、乐祭、龙祭 5 种，以“龙祭”为最具特色。所谓龙祭，即以舞龙的形式祭祀炎帝。经过多年的挖掘、继承和创新，如今炎帝陵的龙祭从种类到表现形式都有了很大的发展，既有独具炎陵特色的“三人布龙”和“火星龙”，也有代表56个民族的56节“长龙”和代表五大洲华夏胄裔的“五色龙”；既有蕴含中国传统文化内涵、反映炎帝重八卦生太极的“阴阳八卦龙”，也有表现民族精神和时代精神的“现代竞技龙”“人龙”“飞龙”“荷花龙”“九龙盘柱”等现代龙舞形式。各种龙舞都依次在神龙大殿广场上表演。

黄帝

黄帝像（汉代画像石）

黄帝，远古炎黄族团联盟首领。姓公孙，后改姓姬，名轩辕。黄帝之前，炎帝是部落联盟首领。炎帝年老时，各诸侯之间互相攻战，天下大乱。先是炎帝与轩辕在阪泉开战，轩辕取得胜利，炎帝领导的部落归于轩辕。涿鹿之战，轩辕又战胜了作乱的蚩尤。于是，诸侯们都尊奉轩辕做天子，轩辕取代了炎帝，是为黄帝。黄帝在位期间，领导族众播植百谷草木，大力发展生产，创文字，制衣冠，造舟车，定算数，定音律……成为后世人们心目中的“人文先祖”，位列“五帝”之首。

中华民族的主体是汉族，汉族的前身是华夏族，华夏族的前身是炎黄部落联盟。因而，后世的人们，就将炎帝和黄帝并称为华夏族的始祖，其后代统称“炎黄子孙”。

五帝时代大约在公元前3000年至公元前2000年。而黄帝时代传续了大约500年，即大体上由公元前3000年至公元前2500年。约500年的黄帝时代传续了十几世黄帝，那么这个黄帝，就既可能指的是黄帝其人，也可能指的是黄帝部族、黄帝支系，也就是说，黄帝部族、黄帝支系都有可能以“黄帝”为族称、为名号。

黄帝与龙的关系可从两个方面介绍。

一是史籍载述——

“蚩尤作兵伐黄帝，黄帝乃令应龙攻之冀州之野”（《山海经·大荒北经》）；黄帝“得苍龙而辨于东方”（《管子·五行》）；黄帝“乘龙”（《大戴礼记·五帝德》）；“黄帝治天下……青龙进驾”（《淮南子·冥览训》；“黄帝得土德，黄龙地蚓见”（《史记·封禅书》）；“昔者黄帝合鬼神于西大山之上，驾象舆，六蛟龙”（《论衡·纪妖》）；黄帝“驾六翼之龙”（《太平御览》引《孙绰子》）；黄帝“作龙衮之服”（《轩辕黄帝传》）；“龙图出河，龟书出洛，赤文篆字，以授轩辕”（《今本竹书纪年》）；“黄帝之将兴……玄龙御云”（《春秋孔演图》）等。

如果说在以上记述中，龙还是以为黄帝服务的身份出现的话，更进一步的说法便是黄帝是雷神（也就是龙神）的儿子，具有龙形龙貌。如：“附宝见大电光绕北斗权星，照耀郊野，感而生黄帝轩辕于青邱”（《河图稽命征》）；“黄帝以雷精起”（《河图帝纪通》）；“轩辕，主雷雨之神也”（《春秋合诚图》）；“黄帝龙颜”（《论衡·骨相》）；黄帝“自以为云师，有龙形”（《列仙传·黄帝》）等。

上述说法，至少说明，在黄帝时期，龙已成为民族融合的象征。而龙之所以能成为黄帝族喜爱、崇拜、运用、比附、象征的对象，是因其在容合过程中所体现、所形成的精神底蕴与黄帝的精神品格具有本质上的一致性。

炎黄二帝像（河南郑州）

在黄帝与龙的传说故事中，《黄帝乘龙升天》广为人知。这个传说，《史记·封禅书》有记："黄帝采首山铜，铸鼎于荆山下。鼎既成，有龙垂胡髯下迎黄帝。黄帝上骑，群臣后宫从上者七十余人，龙乃上去。余小臣不得上，乃悉持龙髯，龙髯拔，堕，堕黄帝之弓。百姓仰望黄帝既上天，乃抱其弓与胡髯号，故后世因名其处曰鼎湖，其弓曰乌号。"译成白话："黄帝下令将首山的铜开采出来，在荆山下铸鼎。鼎铸成后，有一条龙垂着须髯从天上下来迎接黄帝。黄帝骑到龙背上，群臣和后宫嫔妃跟着骑上去的有七十余人，龙朝空中飞去。其余的小臣们未骑上去，就拽住龙的须髯不放，龙的须髯被拉断，黄帝的弓也连带着坠落下去。百姓们抬头仰望着黄帝上天而去，就抱着黄帝的弓和龙的须髯大声哭号。因此后世那个地方就被称作鼎湖，那张弓就被称作乌号。"

黄帝与凤亦有良好的关系。《韩诗外传卷八》载："黄帝即位，施惠承天，一道修德，惟仁是行，宇内和平，未见凤凰，惟思其象，夙寐晨兴，乃召天老而问之，曰'凤象何如？'天老对曰，'夫凤象、鸿前麟后，蛇颈而鱼尾，龙文而龟身，燕颔而鸡啄；戴德负仁，抱中挟义；小音金，大音鼓；延颈奋翼，五彩备明；举动八风，气应时雨；食有质，饮有仪；往即文始，来即嘉成；惟凤为能通天祉，应地灵，律五音，览九德。天下有道，得凤象之一，则凤过之，得凤象之二，则凤翔之，得凤象之三，则凤集之，得凤象之四，则凤春秋下之，得凤象之五，则凤没身居之。'黄帝曰：'于戏！允哉！朕何敢与焉。'于是黄帝乃服黄衣，戴黄冕，致斋于宫，凤乃蔽日而至，黄帝降于东阶，西面再拜稽首，曰，'皇天降祉，不敢不承命。'凤乃止帝东国，集帝梧桐，食帝竹实，没身不去。"

这段话虽然讲的是黄帝与凤的关系，但天老所描述的"凤象"即凤的形象，是"龙文而龟身"，即凤身上的羽纹来自龙的鳞纹，或和龙的鳞纹相一致。也即凤的身上有龙的元素，凤祥瑞的形成有龙做出的贡献。

还有，《今本竹书纪年》载，黄帝着黄服，"斋于宫中，坐于玄扈、洛水之上。凤凰集，不食生虫，不履生草，或止帝之东园，或巢于阿阁，或鸣于庭。其雄自歌，其雌自舞。”《山海经·海外西经》载：“轩辕之国……诸沃之野，鸾鸟自歌，凤鸟自舞。”《春秋合诚图》载：“黄帝游于玄扈、洛水上，与大司马容光等临观，凤凰衔图置帝前，帝再拜受图。”《吕氏春秋》载，黄帝令伶伦作音律，伶伦“听凤凰之鸣，以别十二律。”《易林》言：“黄帝出游，驾龙乘凤。”以上记载至少说明，黄帝是喜欢凤的，凤也是喜欢黄帝、愿意为黄帝服务的。

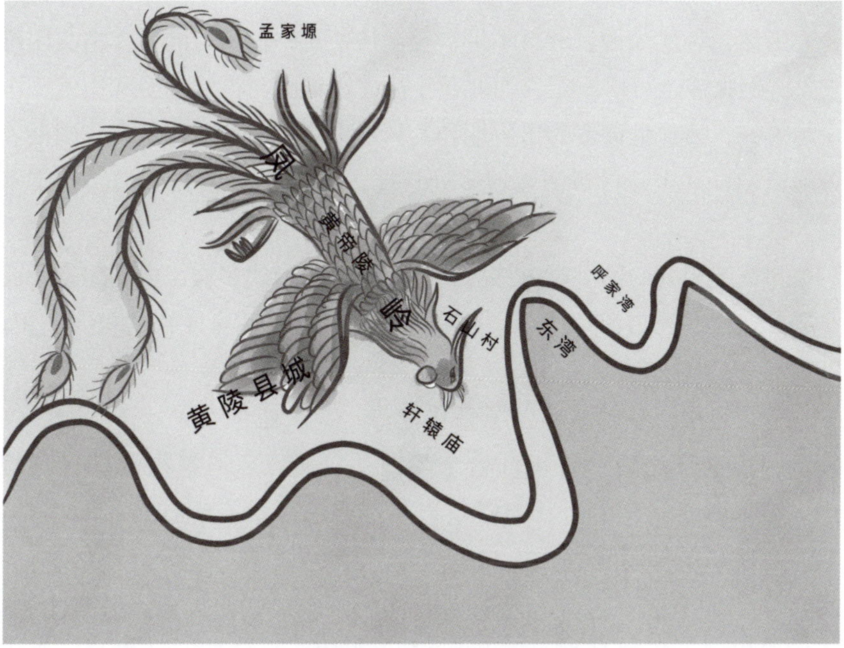

黄陵地貌凤形图（陈晓晖 绘）

关于黄帝的故里，至少有五说：一是陕西宝鸡，根据是《国语·晋语》载“黄帝以姬水成”，而姬水，不少学者考证在宝鸡，姬水即岐山县的岐水。二是甘肃天水，根据是《水经·渭水注》载“南安姚瞻以为黄帝生于天水”，其清水县有“轩辕谷”“轩辕窑”等遗迹。三是陕西黄陵，根据《列仙传》载，黄帝卒，“还葬桥山”，“还葬”有叶落归根之意，而桥山在今黄陵县。四是河南新郑，根据是《拾遗记》载“轩辕出自有熊之国”,《帝王世纪》言“有熊，今河南新郑是也”。五是山东曲阜，根据是《帝王世纪》载“黄帝生于寿丘”,《史记正义》称“寿丘在鲁东门之北，今在兖州曲阜市东北三公里”。

与炎帝类似，黄帝也是多世的。《古本竹书纪年》言“黄帝至禹为世三十”;《春秋命历序》言“黄帝传十世”“或云十八世”：三种说法可合称为“黄帝多世说”。按照黄帝多世说，陕西宝鸡、甘肃天水、陕西黄陵、河南新郑、山东曲阜，都有可能是黄帝的出生地，只是各处的黄帝非同一世而已。

当然，年代久远、资料不足，要搞清楚每一世黄帝的具体情况困难重重，但大体上可以断定，西北黄土高原，即黄河流域上游和中游，至少是第一、第二世黄帝的出生地和发祥地，之后的若干世黄帝，则沿着黄河流域，甚至越过黄河流域多处迁徙，“抚万民，度四方”(《五帝本纪》)。

与黄帝相关的民俗历史悠久，流传广远，形式多样，内涵丰富。而龙凤，在这些民俗活动中可谓闪亮登场，发挥着不可或缺的重要作用。以黄帝祭祀典礼为例——

黄帝陵位于陕西省黄陵县桥山之巅。对黄帝的祭祀始于春秋，汉武帝曾于祭拜之后，筑祈仙台于陵前。自唐以后，祭祀活动代代相传，绵延不断，孙中山、毛泽东当年都曾派要员专程到黄帝陵祭拜，毛泽东还亲笔撰写了祭文。1992 年起，黄帝陵进行了大规模的整修；2004 年清明节起，公祭轩辕黄帝升格为国家级祭祀大典。公祭之外，还有每年于农历二月初二“龙头节”（相传此日是黄帝的生日）和农历九月初九“重阳节”（相传此日是黄帝乘龙升天之日）举行的民间祭祀。无论公祭还是民祭，都有打着龙旗、凤旗的仪仗队；供品中少不了当地群众做的民俗礼馍，这些礼馍有“十二生肖”“二龙戏珠”“百鸟朝凤”等造型；乐舞告祭的节目里也少不了龙舞；之后还多有“巨龙腾空”表演。

上述之外，黄陵民众还将一种当地秧歌社火中常用的大型打击乐——“龙鼓”用于黄陵祭祀，龙鼓融鼓乐和鼓舞两种表演风格为一体，有“两人同抬同打”“两人抬一人打”“四至十六人抬三人打”三种形式，一旦擂打起来，鼓声震天，气势磅礴。

河南省新郑市是祖话传说中的“有熊国”所在地，有“黄帝故里”之称。相传当年黄帝（某一世）在涿鹿打败蚩尤之后，曾于农历三月初三这一天，在西泰山（今新郑市西北）大会诸侯（部落首领），被诸侯们拥戴为部落联盟首领，是为华夏一统之奠基。后人为纪念黄帝的功德，便于每年三月三这天举行各种祭祀活动。

黄帝陵祭祀典礼之巨龙腾空

可列入中华人文先祖行列中者，还有蚩尤、少昊、颛顼、唐尧、虞舜、夏禹等。这些人文先祖，与龙、凤都有各种各样的不解之缘，因之也形成了各种各样的千古流传的民俗，篇幅关系，本书从略。

第三章 龙凤生产民俗

生产民俗指的是在农、林、牧、渔、工各业的生产过程和环节中与自然界发生关系而产生并代代传承下来的民俗。就龙凤而言，其生产民俗主要表现在龙作为雨神、凤作为风神而产生的种种风俗习惯。

水神雨师

雨水是人类赖以生存和发展的最基本的自然条件之一，和古人的生产生活有着极为密切的关系。不管是早期的采集和狩猎，还是后来的种植和畜牧，都离不开雨水的作用。风调雨顺则五谷丰登、牧草茂盛、民事康乐，久旱不雨则草干稼死乃至颗粒无收、人畜无食，雨水过多又常常酿成洪涝灾害。相对而言，人们对雨水的欢迎要多于对雨水的厌恶。在我国第一部诗歌总集《诗经》里，就有喜欢雨水的句子："有渰萋萋，兴雨祁祁。雨我公田，遂及我私。"(《小雅・大田》) 译成白话就是："阴云涌动而来，好雨洒洒而下。雨水落在公田，私田也得到滋润。" 然而，作为一种自然天象，阴晴雨霁是不依人的意志为转移的。它往往不"知时节"，该下雨的时候久久不下雨，该放晴的时候又迟迟不放晴。古人对这些自然现象不可能有科学的理解，他们相信有超自然的天神主管这一切，于是把殷切的希望寄托在超自然的天神身上，相应地就产生了天旱时求雨和雨涝时求晴的祭祷民俗。

没有充分的证据说明龙就是远古先民心目中最早的主管雨水的天神，但先民们在龙的容合之初，就意识到龙和雨水有密切的关系却是肯定的。龙的诸位容合对象，都和雨水有不解之缘。云雾、雷电、虹霓、龙卷等天象就不用说了，而动物类，如鳄，据考察研究，在下雨之前，有用胸腔排气而发出类似吼声巨响的习性，可以起到预告阴雨的作用，甚至被古人误以为鳄“能吐气成雾致雨”(《证类本草·卷第二十一》引《藏器》)。还有早在七八千年前的河姆渡文化时期就被先民们饲养并成为祭祀常物的猪，就曾以“水畜”的身份，成为古人心目中的雷雨之神。

《山海经》是我们可以透过其保存的神话片断，进而窥探远古先民造神轨迹的典籍。其中有关应龙的神话，就和雨水相联系。所谓“应龙蓄水”(《大荒北经》)；应龙处南方，“故南方多雨”(《大荒北经》)；“旱而为应龙之状，乃得大雨”(《大荒东经》)；等。由于应龙神话与黄帝神话联系在一起，有“蚩尤作兵伐黄帝，黄帝乃令应龙攻之冀州之野”(《大荒北经》)的记述，故有观点认为，“应龙为黄帝时的雨师”。[13]136 可为此判断提供佐证的，还有《太平御览·天部十一·祈雨》引《遁甲开山图》：“绛北有阳石山，有神龙池。黄帝时遣云阳先生养于此，帝王历代养龙之处，国有水旱不时，即祀池请雨。”

不仅如此，有观点还认为，炎帝神农时，也以龙为雨神。《绎史·卷四》引《神农求雨书》：“春夏雨日而不雨，甲乙命为青龙，又为火龙，东方小童舞之；丙丁不雨，命为赤龙，南方壮者舞之；戊己不雨，命为黄龙，壮者舞之；庚辛不雨，命为白龙，又为火龙，西方老人舞之；壬癸不雨，命为黑龙，北方老人舞之。”尽管《神农求雨书》为后人所作，但鉴于出土的公元前3000年以前的龙已有多件，如河南濮阳西水坡仰韶文化蚌砌龙、陕西宝鸡北首岭仰韶文化陶纹龙等，故可判断，“神农时代塑造龙形象的习俗在事实上是存在的，从而也说明龙也是神农的雨神”。[13]137–138

商周至秦汉，是龙的形象初具规模的时期，也是龙的雨神身份接近确立的时期。商代有一种被称为“珑”的用来求雨的玉，《说文·玉部》解释道："珑，祷旱玉，龙文。从玉，从龙。"殷墟卜辞中也有向龙卜雨、做龙求雨的内容，如《安明·一二一八》："乍（作）龙于凡田，又雨"。

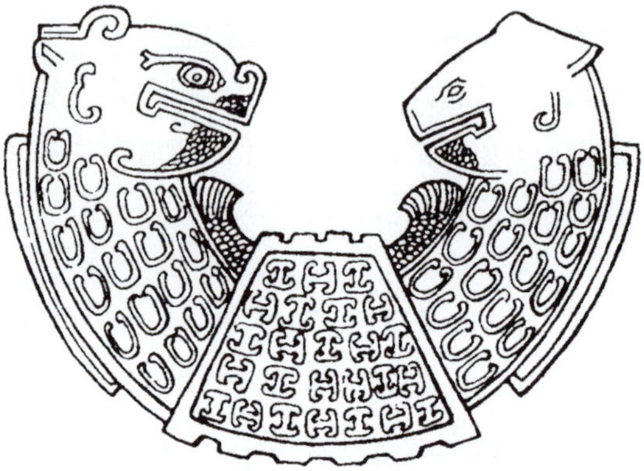

珑（商）

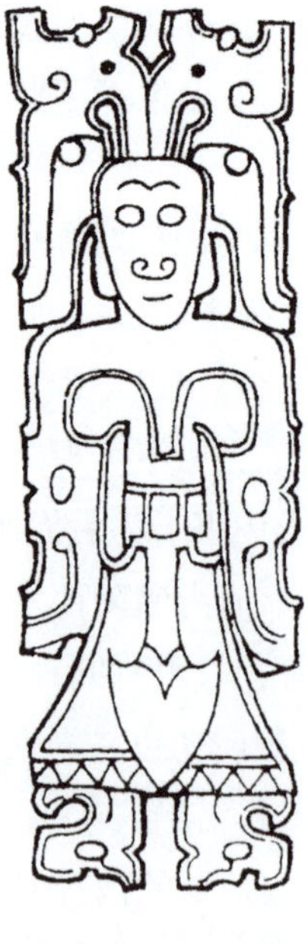

六龙雨师玉雕（西周）

云从龙，这是周代人的认识了。天津艺术博物馆收藏了一件"六龙雨师玉雕"：一位正面立人的头顶、衣袖、双足处均饰以成对的双龙。有观点认为这就是当时的雨师形象。

到了汉代，云、雨、龙，在人们心目中成为密不可分的"三位一体"。王充在《论衡·感虚》中言："雷雨时至，龙多登云。云龙相应，龙乘云雨而行。"在《论衡·龙虚》中言："龙闻雷声则起，起而云至；云至而龙乘之。云雨感龙，龙亦起云而升天。"

成书于汉代的《列仙传·赤松子》将赤松子奉为雨师，所谓："赤松子者，神农时雨师也……随风雨上下。""妙达巽坎，作范司雨。”《历代神仙通鉴》载，神农时代，曾“川竭山崩，皆成沙碛”，连日大旱不雨，“禾黍各处枯槁”。这时，有一个“野人”出现了，他面容古怪，言语癫狂，上披草领，下系皮裙，蓬头跣足，指甲长如利爪，遍身覆盖黄毛，手里拿着一根柳枝，一边狂歌乱舞，一边高喊：“我就是赤松子！我在王屋修炼了多年，才跟随赤真人南游衡岳。真人常化赤色神首飞龙，往来其间，我亦化一赤虬，追蹑于后。”赤虬，即红色的有角小龙。这条小龙，“朝谒元始众圣”，因能够“随风雨上下，即命为雨师，主行霖雨”。可见，尽管赤松子以野人的形象出现，但其另一番面目却是一条赤色的龙。

最早的直接称龙为雨师的文字，见于晋代葛洪撰的《抱朴子·登涉》：“辰日称雨师者，龙也。”晋之后，李靖、陈天君也曾做过雨师。

唐代李复言《续玄怪录·李靖》载：李靖未发迹前，经常到山里去，晚上就借宿在山民家里。有一天半夜，一位老妇人将一个水瓶传授给他，请他代劳行雨。苍头牵一匹青骢马到，妇人告诫他：“郎乘马，无衔勒，信其行。马蹶地嘶鸣，即取瓶中水一滴，滴马鬃上，慎勿多也。”李靖遂乘马咆哮，跃入空中。他想，“顾一滴不足濡，乃连下二十滴”，于是，第二天“平地水深二丈”。看来，李靖是借宿到“龙宫”里去了。而那老妪，很显然是一位龙母，她本来是叫两个龙子去行雨的，无奈龙子不在，才请李靖帮忙的。这无疑是说，李靖不过是代替龙行了一回雨，真正的雨师还是龙。

陈天君做雨师见于《事物异名录》：“雨师为冯修，号曰树德，又名陈华夫。”《集说诠真》曾说到雨师陈天君的塑像：“乌髯壮汉，左手执盂，内盛一龙，右手若洒水状。”特别引起笔者注意的是，他的水是从盂里洒出的，而盂里却盛着一条龙——龙和这位雨师的关系就可想而知了。

事实上，雨师的职责有一个由混乱、多方到基本上归一的过程。随着时序的演进，龙崇拜的普及，诸位雨师的形象、作用逐渐弱化、模糊化，龙的雨师形象日渐强化和突出。尤其是“龙王”的名称随着佛教的传播被人们接受后，作为司理雨水之神，龙王几乎取代了其他雨师和水神，赢得了广泛的崇拜和祭祀，遍布全国各地的大大小小的龙王庙便是其“物证”——至于称不称龙王为雨师，就无关紧要了。

龙王与佛陀（陕西蓝田）

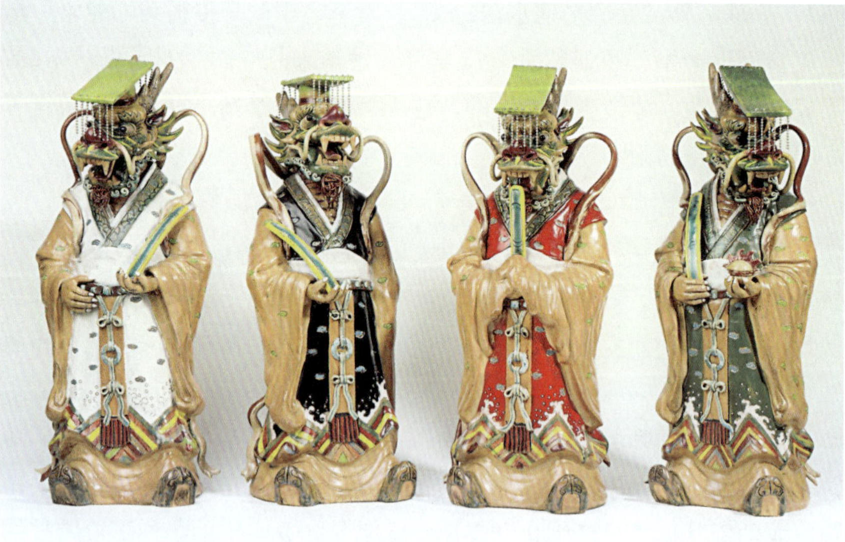

海龙王像（当代瓷艺）

龙之所以能把诸位雨师取而代之了，盖由于其“水物”“水相”的出身，和喜水的神性。出身和性格，使龙顺理成章、自然而然、得心应手地成为司理雨水之神，其职任，也是其他神灵不能胜任的。

民间龙王图

作为雨水之神，龙的传说遗闻可谓多不胜举。如，《太平广记·器玩三》引《异闻录》：唐代天宝年间，扬州进贡水心镜一面，清莹照日，背有盘龙，势如飞动。唐明皇看到后很惊异。进镜官说，铸造此镜时，曾得到过一位自称姓龙名护的老人的帮助，老人还留下一首歌：“盘龙盘龙，隐于镜中；分野有象，变化无穷；兴云吐雾，行雨生风；上清仙子，来献圣聪。”此后，凡遇大旱，只要将此镜祭祀一番，便得好雨。可惜这件水心镜不知流落到哪里了，其“神采”，我们从唐代的云龙纹铜镜上或许能领略一二。

龙纹铜镜（唐）

与汉族相同，中国境内的各少数民族也都将龙奉为雨水之神。如生活在云南大理的白族，就奉龙为其村社的保护神，称为“龙本主”，主司雨水。为了让龙神更好地履行职责，白族群众还以人世为参照，为龙本主们“建立”了“家庭”，“如洱源茈碧湖浪穹龙王家庭。浪穹龙王段老三有九子三女，他们全都是洱源各水系的本主和龙王。这种根据水系的分布将之人格化了的具有‘血亲’性质的家庭实行严格的家长制管理”，[14]有利于从整体上分布雨量、协调各地的降雨工作。

作为雨水之神，行云布雨、司水理水是龙的天职。但是，龙对做自己分内的事情，有时自觉、及时，让老百姓喜闻乐见；有时就不自觉、不及时，背离老百姓的意愿——要雨时不雨，该晴时不晴，旱时井干泉涸，涝时江河滥溢。而且，龙和龙之间也有差别，有的龙很讲职业道德，认真、负责、全心全意为人民服务；有的龙就疏懈、懒惰、玩忽职守。于是，就需要祈祷和祭祀，对那些尽职尽责的龙予以敬拜、表彰、鼓励和慰问，对那些失职渎职的龙予以提醒、督促、奉承、贿赂，甚至惩罚，这样，便形成了祈祷龙神的种种民俗。

祷龙祈雨

前文谈到过，商代曾流行一种是用来求雨的龙形玉“珑”，其求法，大概离不了献祭、礼拜、巫师作法之类。甲骨卜辞中的“作龙于田”，当是一种“造龙求雨法”：用泥土沙石等材料做一条龙在田里，以此求雨。这种方法，古籍中有介绍，如《山海经·大荒东经》：“旱而为应龙之状，乃得大雨。”郭璞注：“今之土龙本此。”《淮南子·地形训》：“土龙致雨。”高诱注：“汤遭旱，作土龙以像龙，云从龙，故致雨也。”

这种“造龙求雨法”一直延续到汉代以后。“春旱求雨……甲乙日为大苍龙一，长八丈，居中央；为小龙七，各长四丈，于东方皆东向，其间相去八尺……丙丁日为大赤龙一，长七丈，居中央；又为小龙六，各长三丈五尺，于南方皆南向，其间相去七尺……戊己日为大黄龙一，长五丈，居中央；又为小龙四，各长二丈五尺，于南方皆南向，其间相去五尺……庚辛日为大白龙一，长九丈，居中央；为小龙八，各长四丈五尺，于西方皆西向，相去九尺……壬癸日为大黑龙一，长六丈，居中央；又为小龙五，各长三丈，于北方皆北向，其间相去六尺。”这是董仲舒在《春秋繁露》中对西汉时期“造龙求雨”的描述，其场面是相当壮观的。当然，不会是仅仅将这些各种颜色的龙造出来摆在那里让人看，还要伴之以筑四通之坛，放置蛤蟆、敬进清酒膊脯、祭生鱼、燔献雄鸡公猪、埋死人骨，以及祝斋、跪陈、礼拜，穿和龙同色的衣服翩翩起舞，甚至在求雨日令夫妇同处交合，等等。

山东沂水县韩家曲曾出土一块半圆形的汉代画像石。石上雕刻的“祷龙祈雨图”可以为我们想象和理解“造龙求雨法”提供帮助：画像顶部横伸一条弧形的双头龙，龙头向下张开作喷雨状，下面有长跪之人头顶盆皿接雨。龙下有凤鸟、羽人、芝草和巫师作乐的图案。

祷龙祈雨图（汉代画像石）

雩祭，是古代求雨的又一种方式。从史载来看，至晚在两周时期就有了雩祭。《左传·桓公五年》中有“启蛰而郊，龙见而雩”的话，这里的龙，大概指的是龙星，即东方苍龙。全句意思是，每到初春时节，看到苍龙星从东方升起的时候，都要由“官方”出面，举行求雨的祭礼。《论语·先进》中有“浴乎沂，风乎舞雩，咏而归”的话，王充解释“浴乎沂”是“涉沂水也，象龙从水中出”。可见，所谓“舞雩”也是同龙相关的。

到了隋代及隋以后，“龙见而雩”和“造龙求雨法”依然被沿用。《文献通考·郊社》载：“隋制雩坛，国南十三里，启夏门外道左，高一丈，周二十丈。孟夏见龙则雩……初请后二旬不雨者，即徙市，禁屠，皇帝御素服、避正殿、减膳、撤乐或露台听政，百官断伞、扇，令家人造土龙。雨澍，则命有司报州县。”从上述记载可以看出，雩祭多由官方置办，造土龙多是民间行为，二者目的一致，因此常常将两种方式结合起来使用。

有的地方，将“造龙求雨”与“舞龙求雨”相结合。如四川的“耍水龙”：头戴柳圈，上身赤裸，折杨柳枝扎为龙形，执手中，沿街沿巷而舞。另有人在前面鸣锣，家家备水泼淋。北京、天津的“小孩求雨”：家贴龙王神马于门，瓷瓶插柳枝挂门之旁；长板一条，上塑泥龙，粘以贝壳为龙鳞，由小孩们扛着上街游行。口中喊唱着“青龙头，白虎尾，小儿求雨天欢喜。麦子麦子焦黄，起动起动龙王，大下小下，初一到十八，摩诃萨。”“滑沥滑沥滑头咧，家家小孩求雨咧。”“老天爷，别下咧，滑沥滑沥下大咧。大雨下到开洼地，小雨下到菜畦里。”等儿歌。[15]

四川“耍水龙”

唐、五代、宋时还流行“投龙”法和“画龙求雨”法。

投龙，也称“投龙简”“投龙仪”，其起源，可追溯至源自中国远古时期至秦汉的传统天地山川崇拜和天道信仰及封禅等相关祭祀礼仪。其做法，一般是把写有祈请者愿望的文简和金龙、玉璧（礼天信物）、金钮（象征歃血立盟）用青丝捆扎起来，分成三简，并取名为山简、土简、水简。山简封投于灵山之诸天洞府绝崖之中，奏告天官上元；土简埋于地里以告地官中元；水简投于潭洞水府以告水官下元。投龙简的目的是祈求天、地、水三元神灵保护社稷平安，人民幸福长寿。

唐玄宗开元投龙简（唐）

唐开元年间，一个叫吕慎盈的使臣，奉唐玄宗李隆基敕，曾先后三次到北方幽州的孔水洞投下金龙和玉璧祈雨。孔水洞古时曾称“龙泉”，是幽州地区著名的祈雨之所。《重建龙泉大历禅寺之碑》有记：“唐玄宗时天雨不节，民祈于是，莫不应征尔。”1982 年，孔水洞一度干涸，洞内出土了吕慎盈祈雨时投下的金龙七条。五代时，吴越国王钱谬也曾下令在“洞府名山遍投龙简”，以祈求“风雨顺时军民乐业”。

另据唐代郑处海《明皇杂录·第二卷》载，开元年间，关中大旱，唐玄宗即于龙池新造一殿，令少府监冯绍正，在殿四壁各画一龙。冯绍正先在西边壁上画素龙一条，“奇状蜿蜒，如欲振跃”。画到一半，便有风云随笔而生。玄宗及众官员站在壁下观看，见龙的鳞甲都是湿的。色彩未上完，就有白气从殿庑间逸出，入于阶前池中，于是波涛汹涌，雷电随起。一条白龙从池中扶摇而上，俄顷阴云密布，风雨暴作。不到一日，“甘露遍于畿内”。

宋时，曾有人将三国时吴国画师曹不兴所画的龙取出来置于水上，不久便“蓄水成雾，累日滂沛”（《历代名画记》）。“画龙求雨法”还被宋代官方镂刻在木板上公布于众，“其法：择潭洞或湫泺林木深邃之所，以庚、辛、壬、癸日，刺史、守令帅耆老斋洁，先以酒脯告社令讫，筑方坛三级，高二尺，阔一丈三尺，坛外二十步，界以白绳。坛上植竹枝，张画龙。其图以缣素，上画黑鱼左顾，环以天鼋十星；中为白龙，吐云黑色；下画水波，有龟左顾，吐黑气如线，和金银朱丹饰龙形。又设皂幡，刎鹅颈血置盘中，柳枝洒水龙上，俟雨足三日，祭以一豭，取画龙投水中。”（《宋史·礼志五》）

除上述外，祷龙祈雨的习俗还有许多。比较有意思的是“激龙求雨”。

桂林月牙山有一个龙隐洞。相传很久以前，此洞住着一条老龙，专管这一带的行云布雨之事。有一年，老龙贪睡懒觉，懈怠了自己的职责，导致天下旱象严重。歌仙刘三姐来桂林传歌，听说后，就对着岩洞唱起歌来：“树叶枯，禾苗黄，漓江河里船不行。老龙老龙快出洞，呼风唤雨保收成。田地干了快下雨，天气炎热快起风，老龙老龙快出洞，你不出洞枉为龙。”老龙惊醒，受到歌声激励，便腾空而起，破壁出洞，兴风作雨，造福于民。后老龙飞起，留下了盘屈隐卧的痕迹，于是有了龙隐洞、龙隐岩。

位于柳州市南郊的大龙潭，古称雷塘。相传塘中有能兴雷降雨的神龙潜居，因此每遇天旱，人们就来这儿祷龙祈雨。唐代文学家柳宗元出任柳州刺史时，也参与过这样的活动，还写下了一篇《雷塘祷雨文》，祈祷塘中神龙“腾波通气，出地奋响，钦若成功，惟神是奖”。后人为了祈雨方便，在潭边建了一座雷神庙。龙潭附近，有牧童山、羊山、龙山、雷山等。传说很久以前，有一个牧童常来这儿牧羊吹笛。一天，优美动听的笛声传到了水下龙宫，龙王的一个女儿被深深地打动了，她寻着笛声来到了潭畔，入迷地听了三天三夜。龙王闻报，派虾兵蟹将追龙女回宫，龙女不理，并用仙气将是兵蟹将吹回。龙王大怒，亲自出宫。他大嘴一张，一声震吼，刹那间，雷鸣电闪，风狂雨暴，牧童、山羊和龙女都化成了石头。如今，大龙潭里泉水潺潺，声音悦耳，人们说，这便是牧童的笛声在鸣响。牧童山旁的这座山，很像一位对镜梳妆的美女，人们说这正是龙女在痴迷地倾听着牧童的笛声。这一带常闻雷声，人们说是龙王又在怒吼了。龙王一吼，雷雨即来，田园土地便会得到滋润。

龙洞飞泉是陕南午子山的三大美景之一。传说早年这一带所有水域，都由一条龙统管。这条龙勤勉政务，布雨及时，颇受老百姓称赞。不料它的儿子除老大外，其余九个都不争气，只知享乐，不愿吃苦，成了名副其实的懒龙。有一年大旱，老大率领穿山甲费了很大力气，开了两个洞，一个为今天的鱼洞，一个为今天的龙洞。龙洞开得深不可测，整日有烟雾笼罩。每到阴雨天，便泉水奔泻，形成瀑布，成龙洞飞泉之壮观。没想到洞成后，他的九个弟弟，即那些懒龙们，全都涌进洞来坐享其福，将行云布雨的职责抛到了九霄云外。百姓们很气愤，就纷纷到龙洞来投石块击龙。懒龙们身受石击，疼痛难忍，便口吐水柱。投的石块越大，对懒龙的打击就越大，吐的水柱也就越高。

有的地方还用投掷秽草脏物的方法激怒龙神以求水祈雨。《水经注》载，某地有石穴一孔，清泉泠泠，泉下潜藏着神龙。每遇大旱，村民们便将枯叶秽草一股脑地扔进穴中。于是，神龙被激怒，“须臾水出，荡其草秽。傍侧之田，皆得浇灌”。又载，丹水下游，积水成渊，渊里藏着一条神龙。每遇天旱，村人便将有毒的芮草从渊的上游投下去，游鱼碰着芮草，多被毒死。于是，龙因自己的属民被害而震怒，“当时大雨”。

如此方式在广东翁源地区被称作“打龙潭”或“打大河”。

打龙潭是把煤炭倒入龙潭，使鱼类受呛浮上水面，人们便呐喊着加以捕捉。藏在水底的龙受不了嘈杂的噪音和污水的侵染，就会降下大雨，借以驱燥和清污。打大河和打龙潭类似，稍不同的是让鱼类受苦后游向大海向龙王报告，龙王为了救自己的属类而降下大雨。

投虎头骨求雨，是起源于唐代的事了。据李绰《尚书故实》载：唐时江南一带遇到旱灾，有人即以长绳系虎头骨，投到有龙的水潭中。虎骨一入水，便使数人牵制不定。一会儿，乌云便从潭中升起，雨亦随之落下。苏轼的诗作《起伏龙行》就生动地描述了这种习俗："何年白竹千钧弩，射杀南山雪毛虎。至今颅骨带霜牙，尚作四海毛虫祖。东方久旱千里赤，三月行人口生土。碧潭近在古城东，神物所蟠谁敢侮？上倚苍石拥岩窦，下应清河通水府。眼光作电走金蛇，鼻息为云擢烟缕。当年负图传帝命，左右羲轩召神禹。迩来怀宝但贪眠，满腹雷霆喑不吐。赤龙白虎战明日，倒卷黄河飞作雨。嗟吾岂乐闻两难，有事径须烦一怒。"显然，此法是以"龙虎斗"的方式刺激神龙以求雨。且不说这种方法十分荒诞和虚妄，而且如今也是万万做不得了——可怜的老虎已濒临灭绝，少得不能再少了，哪来的虎骨？更何况刑法对此还有严厉的处罚。

陕西韩城芝川一带，旧时流行"寡妇祈雨"：天旱之季，各村推选出七位寡妇，携带香烛及用于献供的馍馍，赶在太阳露脸之前到龙王庙，依次烧香跪拜，求龙王开恩赐雨。之所以选寡妇，据说是为了激发龙王的怜悯之心。

在江南农村，祈祷龙王的习俗大多按"请龙""晒龙""送龙"的程式进行。

"请龙"前全村人要洗澡净身，戒食荤腥，扫净街面，除了已婚女子，留在村中的人都要手持清香，提前到村口跪接龙队。请龙队伍人员众多，有专司念"催神咒"的道士，有挑祭品者、抬"龙庭"者——龙庭内置放"圣水瓶"，还有护龙队、分铳队、龙刀队、长矛队等。族长率领着这支庞大的队伍，浩浩荡荡地开到龙潭边，献祭、焚香、叩头礼拜，恳请神龙出潭。真龙当然不会有，有的只是龙的容合对象——泥鳅、黄鳝、乌龟、小鱼等，得一条即可。然后将此"龙"请入圣水瓶，放入龙庭，许一番见雨后便演戏酬谢的愿。

返回的路上，遇戴草帽者，令其摘掉；遇车水灌溉者，令其将水桶扔到一边。进村后，举行隆重的迎神仪式，然后将"龙王"安放在本村的龙王庙供奉。第二天，族长率人抬着"龙王"到旱情最重的农田里巡视。回来后，免不了还要烧香、叩头、献供、祈祷再三。

请来“龙”后，如果十天半月仍然不下雨，村民们就要把“龙”抬到太阳底下暴晒，称作“晒龙”。担当此角色者，多是两位家贫胆大者——这样的人不怕龙王报复。他们手提木棍，气势汹汹地来到庙里，一边大骂龙王没良心，一边将圣水瓶端出来放在太阳底下暴晒。晒过一阵儿，假装什么都不知道的族长就会走来，说怎么不见圣水瓶了？你们胆敢对龙王如此不敬？将两人“臭骂”一顿后，又重新将“龙”请回庙中，继续供祭。晒龙的方法各地不一，有的地方一直要晒到天下雨时为止。

请龙、晒龙之后，不管何时下雨，都认为是龙王的功劳，都要为其庆功，演戏酬谢，这个仪式称作“送龙”或“行龙”会。龙王戏一般要演三天三夜，如果还有人畜平安、驱虫祛病的祈求，就再加演三天三夜。戏演完后送龙王回宫。依然由族长领头，龙灯队、长号队、铙手队入庙，免不了要焚香叩谢一番。然后由族长将圣水瓶放入龙庭，这时炮响铳鸣，锣鼓咚咚，长号呜呜，龙灯队欢然起舞。行龙的队伍人多势众，由龙王报铳队、舞龙队、水族队、舞船队、高跷队、虎头押牌、八面旗锣、八面龙锣、九莲灯、龙旗、彩旗、大令旗、小乐班、大头和尚、龙庭、抬阁、航船鼓架等组成，先绕村庄一周，村民倾家出门欢送，然后上路。所过之村，村口皆有供桌迎送，该村族长亦率其村民向龙王叩头上香。行到龙潭边，族长亲自将圣水瓶由龙庭里请出，摆上供桌，燃香、明烛、叩拜、念欢送词，末了，将“龙”放归龙潭。

明代诗人胡奎写有一篇《迎龙曲》，描写了民间请龙、送龙的情景：“朝迎龙，暮迎龙，旱火烧天龙在宫。县官投牒石潭中，山南山北鼓逢逢。蜿蜒跃入杨枝水，山水一缕随龙起。龙未离山雨到城，城中三日不得晴。明朝打鼓送龙去，愿龙十日行一雨。种田有水刈麦干，年年谢龙神亦欢。”他写的可能是他的家乡——浙江海宁的祈雨民俗。

西北黄土高原的“抬龙王”也很有特色——电影《黄土地》里曾有表现。其活动一般由村中有名望的长者出面组织，聚合数十人到数千人不等。

抬龙王前，先要到龙王庙里去抽签问卦。长者祈祷一番后，将卦滚下去。待卦停住，如果卦面上是“走拾雨旺”四字，长者就大叫一声：“龙王愿意出山喽——”祈雨队伍便立刻形成，阴阳师抱起了葫芦状的圣水瓶，众人抬起了轿式龙王楼。龙王楼里供着龙王的神像或牌位。长者一声呐喊：“马脚们，跟着龙王走哇！”头戴用柳条编织的“雨圈”的马脚们就抬起了龙王楼。

行走的路线没有规则，忽上忽下，左颠右撞。到河边后，龙王楼在原地转圈，阴阳师将绣有青龙白云的祈雨旗披在身上，将圣水瓶放入水中，看瓶子是否一下子能灌满。如果未满，领队的长者就得再行三拜六叩，再问卦，再祈水。如果还是祈不上水，长者就率领大家跪下来，面对苍天大声喊唱。他唱一句“龙神老爷早下哟！”大家接唱一句“清风细雨救山民！”一遍一遍地唱，直到圣水瓶祈满了水，这才由阴阳师紧紧地抱着，朝村里地里跑。众人紧跟在后面，大家都不愿意将辛辛苦苦祈来的水丢撒在路上。

据说经过这样一番虔诚的祈求，龙神老爷就会大发慈悲，降下救命的雨水。

在沿海地区，祷龙的目的一般不是为了求雨，而是为了渔业丰收、海事平安。浙江舟山群岛各小岛每当汛期结束时都要举行大规模的海祭，俗称“谢龙王”。供品有猪头、黄鱼鲞、糖、盐、鸡、鸭、水果等，丰年倍增，歉年略减，有时虽然减产，但只要海事平安，也认为是龙王保佑的结果，供品也很丰富。供品一般摆放在船头，由船主或船老大主祭，内容有焚香、敬酒、叩拜、念祷词，等等。有时还从大陆请来戏班，在海滩上搭起台子，连唱几天，以谢龙神。

祷龙祈雨民俗流传了几千年，演绎在神州各地。这些受民众祈祷求拜的龙神，不象征帝王，也不代表国家、民族，它们所象征和代表的，是“天”，即自然界、自然力。是的，这些习俗夹杂着不少迷信的、愚昧的成分。但是，换个角度来看，这些习俗就变成了“有意味的形式”。其意味在于，通过这种形式，人们在和天沟通、对话，表达着对自然界、自然力的尊敬、理解、畏惧和企盼。

当然，在历史上，皇家、官家，也都参与、推动，甚至一定程度上主导了祷龙祈雨民俗的形成和发展。

《通典·卷四十六·礼六·山川》载：唐天宝年间，唐玄宗曾下诏，加封东海龙王为广德王，南海龙王为广利王，西海龙王为广润王，北海龙王为广泽王。并命重臣代表朝廷择时选地，主持盛大的祭祀典礼。

《宋会要辑稿》载：宋朝根据并延续唐朝祭青龙、赤龙、黄龙、白龙、黑龙的制度，于春秋两季进行祭祀。并于宋徽宗大观年间，"诏天下五龙庙皆封王爵。青龙神封广仁王，赤龙神封嘉泽王，黄龙神封孚应王，白龙神封义济王，黑龙神封灵泽王"。

明朝神宗皇帝，"加封金山黑龙潭龙王庙号为护国济民神应龙王庙，潭名为神应龙潭，立碑刻文表扬纪述"(《明神宗实录·卷三百二十一》)。于是，从明朝万历年间起，"黑龙潭祈雨"已然成为皇家祀典即国家级祀典。

清朝立国后，承续了这一国家级祀典，以至于"上诣黑龙潭祈雨"一语，在《清史稿》中频频出现。康熙年间，位于京西金山的黑龙潭龙王庙重修，康熙皇帝专门撰写了碑文。不仅如此，据《清实录·康熙朝实录》载，康熙皇帝还加封、诏遣大臣祭祀河神金龙四大王。使其祭祀活动，成为国家级祀典。"正是国家祭祀使金龙四大王成为正祀之神，官方成为推动信仰传播的重要力量，信仰空间逐渐扩展，在明清数百年的时间里，金龙四大王信仰遍及数省，传播甚广。"[16]

由历代帝王对祷龙祈雨民俗的重视、介入、推动，甚至主导，可以看出：帝王们对龙司理雨水的神职、功能的认知是到位的。或许他们内心里对龙的真实性，即到底有没有龙这个神物有怀疑，但他们必须表现出对龙的崇拜和信任。因为他们明白，龙是人民心目中的雨水之神，从而是农业之神；雨水、农业关乎老百姓的生活、生存，从而关乎江山社稷的稳固和延续。他们必须借龙这个神物、借祷龙祈雨这个"有意味的形式"，表达对百姓生活、生存的关心，从而证明他们是称职的。由此，从朝廷方面说，龙充当了治国理政的手段、媒介；从民俗方面说，龙借人间帝王至高无上的权力，提升、彰显了自己的声威。

风神相凤

作为人类赖以生存和发展的基本自然条件，风的重要性当排在雨之后，但也不可忽视。所谓“风调雨顺”，如果风不“调”，雨也是难“顺”的。

与龙作为雨神相对应，凤则充当了风神的角色。

鸟，尤其是鸷鸟，这个凤的容合对象之一，曾是古人最早尊崇的风神。而飞廉则是古代人尊奉的又一位风神。屈原在《离骚》中，有“前望舒使先驱兮，后飞廉使奔属”（叫前面的望舒作为先驱啊，让飞廉在后面紧紧跟上）之句，王逸注曰：“飞廉，风伯也。”应劭也有“飞廉，神禽，能致风”之说。飞廉和凤的关系从两个方面可以得到说明。首先是飞廉的形象。晋灼注《离骚》说“飞廉鹿身，头如雀，有角，而蛇尾豹文”。《淮南子·俶真训》言：“若夫真人则动溶于至虚……骑飞廉而从敦圄。”高诱注：“飞廉，长毛，有翼。”司马相如《上林赋》云“椎飞廉”。旧注引郭联说：“飞廉，龙雀也，鸟身鹿头。”《历代神仙通鉴》亦言，风伯飞廉“每遇风雨则飞起似燕”“廉步如飞禽”。在明朝嘉靖、万历间人所作的《三才图会》一书里，飞廉图是一只飞鸟。综合“神禽”“头如雀”“有翼”“龙雀”“飞起似燕”“如飞禽”“飞鸟”等众说，我们可以做出“飞廉的形象多取自鸟禽”的判断。飞廉，当然是要飞的，它像鸟禽那样偕风气而飞举。而“飞”字，本来就是鸟在空中拍翅行动的象形，所谓“飞，鸟翥也”（《说文》）。而禽和凤的关系，则是容合对象与容合结果的关系，所谓“凤为百鸟之王”“百鸟朝凤”。还有“飞廉”一词的发音，“飞”和“风”“凤”的发音很接近，也是以“f”为声母。这个“f”，也把飞廉和凤联系在一起。据此种种，笔者将飞廉视为凤属神物，或凤的一个变种。

曾被认为是凤鸟化身的虞舜，似乎对风情有独钟。据说他曾弹奏五弦琴，颂唱《南风》——其领地在南方，南风对其族众的生产生活想必影响很大。其词曰："南风之薰兮，可以解吾民之愠兮；南风之时兮，可以阜吾民之财兮。"（《绎史》卷十引《尸子》）译成白话就是："南风多么和煦温暖啊，老百姓的怨恨可以解除了！南风来得正是时候啊，老百姓的财富可以增长了！"

《左传·昭公十七年》言东夷少昊族以凤鸟氏为"历正"，"历正"是指历数正天时之官，"凤鸟知天时，故以名历正之官"（杜预《注》）。"知天时"，一个重要的内容便是"知风"，即观测季风的时序、风向、风力，等等，以指导生产、生活。于是可以推断，在少昊时期，风崇拜和凤崇拜就已经融合在一起了。这种融合，延续到了殷商时代。甲骨卜辞中有"帝史凤""宁凤"等祭祀用语，其"史"当通"使"，联系古人"风者，天之使也"（《龙鱼河图》）"风者，天地之使"（《河图地通纪》）等说法，可以判断在商朝人的心目中，凤依然担当着"知风""知天时"的"风神"的角色。

与凤有关的还有古代的占风之器——相风。这里的"相"字，一般当"视察""观看"讲，"相风"，即观察风向、风力等的仪器。当然，"相"字，也有"形貌""相貌"之义，因"风"与"凤"相通，那么，"相风"，就还可理解为"相凤"，即"凤之相"。考察历代"相风"的形制，的确是"凤之相"——一般由鸟儿，即凤的容合对象来承担。

东晋人王嘉《拾遗记》卷一称："帝子与皇娥泛于海上，以桂枝为表，结熏茅为旌，刻玉为鸠，置于表端，言鸠知四时之候……今之相风，此之遗像也。"这是说相风的形象之一是鸠。鸠，除具有"知四时之候"外，还能"鸠民"，即聚集民众，这大概与鸠的善于合群的习性有关。在《左传·昭公十七年》中，"五鸠"（祝鸠、鴡鸠、鸤鸠、爽鸠、鹘鸠），是被少昊凤鸟之国作为官职来分设的，可见鸠也进入了凤的容合过程。浙江绍兴狮子山曾出土一件属于战国前期的青铜"鸠柱房屋模型"，其屋顶作四坡攒尖式，上立一八角形柱，柱顶塑着一只大尾巴鸠。这只鸠的作用大概就是"相风"，同时，似也有"鸠民"之意。

南梁的周迁《舆服杂事》言，相风"鸣鸢之象"，鸢就是鸱，即老鹰、鹞鹰，这是说相风的另一个形象是鹰。鸠、鹰之外，用得更多的还

青铜鸠柱房屋模型（战国）

有乌。《三辅黄图》卷五引郭延生《述征记》载："长安宫南有灵台，高十五仞，上有浑仪，张衡所造。又有相风铜乌，遇风乃动。"《观象玩占》载："凡候风必于高平远畅之地，立五大竿。于竿首作盘，上作三足乌，两足连上外立，一足系下内转，风来则转，回首向之，乌口衔花，花施则占之。"相风乌又称"占风乌""铜乌"。乌鸦起飞时，一般是头部向着风头，逆风而起，所以采用乌形。至于做成铜质，显然是为了防锈耐磨和运转灵活。"百尺仙梯倚阁边，内人争下掷金钱。风来竞看铜乌转，遥指朱干在半天。"这是唐代工部侍郎王涯描写和家人一起观看铜乌的诗句。唐代另一诗人韩偓也有"樱桃花下会亲贤，风远铜乌转露盘"之句。

张衡创制的相风铜乌，被定性为"开了现代气象观测仪器的先河"的"世界上最早的候风仪"。为了纪念张衡的不朽功绩，中国邮电部于1958年8月25日发行了一套邮票，票面正中便是一只扬首翘尾、衔花挺立的"相风铜乌"。

相风不只用铜，也有用竹、木的。唐代刘餗《隋唐嘉话》："车驾出，刻乌于竿上，曰相风竿。今樯乌乃其遗意。"清代陈元龙《格致镜原》卷三引《炙毂子》："舟船于樯上刻木作乌，衔幡以候四方之风，名五两竿，军行，以鹅毛为之，亦曰相风乌。"

也有将相风直接做成凤形的。山西浑源县有一座建于金正隆三年（1158年），高三十多米的圆觉寺塔，塔顶最上端为随风旋转、起风标作用的铁制相风（当地百姓称作"风候鸟"），此相风即为扬首、展翅、翘尾的凤形。

邮票上的相风铜乌

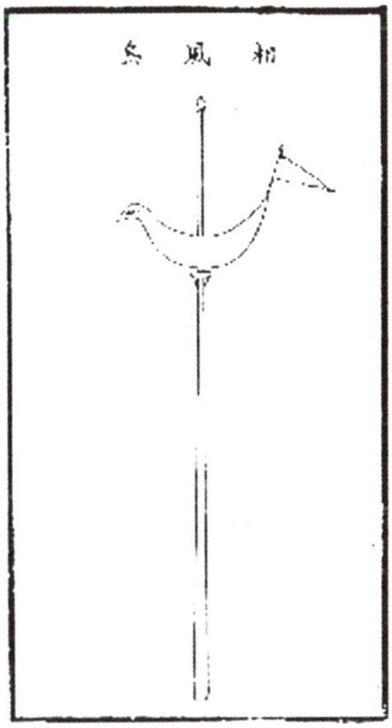

相风乌（清代麟庆《河工器具图说》插图）

古代被称作“凤阙”的建筑物，其阙上之“凤”，也有相风的功能。《史记·孝武本纪》：“于是作建章宫……其东则凤阙，高二十余丈。”《索隐》引《关中记》：“一名别风阙，以言别四方之风。”既然是用来“别四方之风”即相风的，又为什么叫凤阙呢？《索隐》再引《三辅故事》：“……上有铜凤凰，故曰凤阙也。”东汉的张衡在《西京赋》里咏及此事：“凤骞翥于甍标，咸溯风而欲翔。”薛综就此注道：“谓作铁凤凰，令张两翼，举头敷尾，以函屋上，当栋中央，

山西浑源圆觉寺塔塔顶凤形相风（金）

下有转枢，常向风如将飞者焉。”

凤阙画像砖（汉）

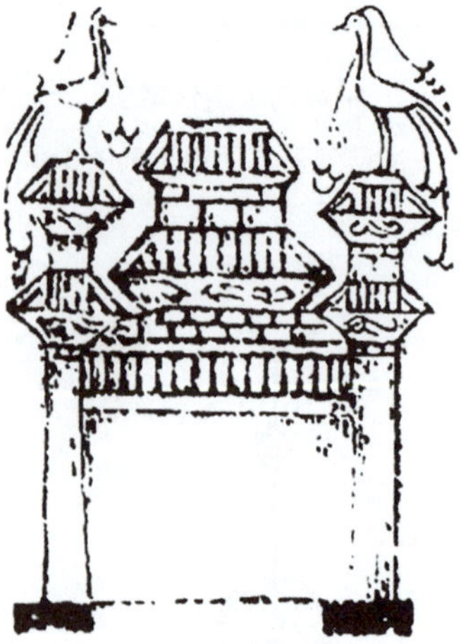

双凤阙画像砖（汉）

不论是风的容合对象，还是凤本身，做相风都是合适的。表面上看，将相风做成鸟形或凤形，不无审美的考虑，即看起来好看；而其深层的意蕴，则是风崇拜和凤崇拜的融合统一：凤是司风之神，风借凤而显其力。

由于凤和风有这般的特殊关系，一些学者便认为凤起源于东夷族，其最初的身份是主管季风，并执掌物候历法的风神。这样的观点当然是有道理的，但不能绝对化，凤的初始本质之一是风神，但需注意，是“之一”而不是“唯一”。风神之外，凤因和太阳崇拜相交融而成太阳神，所谓“太阳鸟”；因和动物（主要是禽鸟）崇拜相交融而成禽鸟之神，所谓“百鸟之王”；因和族祖崇拜相交融而成祖先神，所谓“族王与鸟王同一”。凤是自然力（动物、太阳、风、火等）与族群凝聚力的神物化、意象化、理想化和审美化。

第四章 龙凤生活民俗

龙凤是历朝历代、亿万劳动人民集体发明的神物，熔铸、凝结、携带、体现着历朝历代、亿万人民的智慧、情感、理想和期望。它们广泛深入、丰富多彩地渗透、体现于各个领域、各种场合，与劳动人民的日常生活息息相关。“龙凤生活民俗”涉及内容很广，因篇幅有限，本章笔者仅介绍和分析姓名、生肖、服装、饮食四个方面的内容。

姓名龙凤

龙和凤都是姓氏。

龙姓在《百家姓》中排名第256位，2007年人口普查时，龙姓在全国姓氏人口中排名第85位，数量约310多万。

龙姓来源比较复杂：一是相传远古时期，黄帝有一个为其驾车的大臣叫“龙行”，舜帝有一个担任“纳言”之职的大臣名“龙”，“龙行”和“龙”的子孙便以龙为姓。二是相传董父以能畜养龙而被舜帝赐姓“豢龙”，其后人有的省去“豢”字而单姓龙。三是据司马贞补《史记·三皇本纪》：“自人皇已后，有五龙氏。”注曰：“五龙氏，兄弟五人并乘龙上下，故曰五龙氏也。”相传这“五龙氏”有后裔以龙为姓。四是夏朝孔甲为国君时，有刘累向董父后裔学习驯养龙的技巧，后来被封为“御龙氏”，其子孙中有人以龙为姓。五是战国时有赵国大臣名触龙，其后代有的以龙为姓。六是战国末至秦朝时，有楚国名将叫龙且、龙未央，祖先不明所出，其后代都以龙为姓。七是南北朝时，西北地区有焉耆国和且弥国，两国国君都以龙为姓，其后人随之。八是相传古时有苗家姑娘米黛违抗父命，同住在岩洞里的“叫花子”私订终身，那对“叫花子”母子其实是龙母和龙子变的。东海龙王得知龙子私娶苗家姑娘，大发雷霆，欲将其召回龙宫严惩。龙子上天宫求玉皇大帝开恩，玉皇命太上老君为龙子抽筋换骨。经过三晕三死，龙子蜕皮脱胎，变成凡人，回到苗山，和米黛成家立业。其子孙便以龙为姓，世代相袭，繁衍成湘西苗家龙姓一族。除上述来源之外，龙姓还有“源于姬姓”“源于子姓”“源于姜姓”“源于姚姓”“源于复姓龙丘”等之说。[17]

龙姓的郡望有武陵、天水、渤海、太原、武昌、南阳等多处。经过千百年来的繁衍和迁徙，龙姓已遍布全国各地（湖南、四川、广东、江西等省较多）并走向海外。

龙姓中的名人除上面提到的楚将龙且、龙未央外，还有东江零陵太守龙述，宋代著名画家龙章，元代学者龙仁夫，明代学者龙正、四川巡抚龙文光，清代学者龙启瑞、龙泽厚，以及近当代的政治家龙鸣剑、龙云、龙永图等。

龙是中国人崇拜的神物，秦汉以来，帝王多比龙称龙，这对龙姓人的生存应该说是有利的。河南信阳大田村龙氏后裔龙富丽就谈到其祖上在抗日战争期间遇到的情况：“当时逃难过来，只有叔侄两个人，两条光棍。我们村里人认为龙姓比较吉祥，姑娘都愿意嫁给他们。当时国难的时候，我们这一带土匪比较多，经常出没。抢民宅，绑架人，勒索人，但他们从来不到我们龙家打扰。用老百姓的话说，我们是龙子龙孙，他们怕遭到报应。”

龙姓人谈到自己的姓氏时，多有幸运感和自豪感。笔者认识的画家龙黔石，就因其姓龙、生肖属龙、爱好画龙、书龙、刻龙而乐，被人尊称“五龙先生”。河南省扶沟县固城乡秦岭村的龙顺江，告诉就龙姓话题采访他的《周口晚报》的记者：“我姓龙，我很自豪，名字好取、好听、好记、吉祥。平时，有比我小的哥们儿叫咱龙哥时，觉得更自豪。”

这位龙顺江，其祖父叫龙得云，其父叫龙铁蛋，其兄叫龙长江，其儿叫龙啸。当他到派出所给儿子报户口时，“户籍民警都觉得龙姓稀罕，名字更雷人”。[18]

在中国人的五千多个姓氏中，同“张王李赵遍地刘”相比，龙算不上大姓，但若将庞、龚、宠、栊、珑、泷、垄、陇、豢龙、扰龙、御龙、古龙、句龙、祖龙、龙丘等含龙的姓氏算上，人数就相当可观。

不姓龙的人，也有很多以龙为名。中国历代就有一些以龙为名的名人。如夏朝末年的大夫关龙逄（páng），因是古代豢龙氏之后，故又作豢龙逄。相传他直言敢谏，为桀王所忌恨。桀荒淫放荡，怠于政事，“作酒池槽丘，为长夜饮”，关龙逄竭力劝阻，被桀囚而杀之——可谓贤良之龙。如战国后期的名辩思想家公孙龙，提出了“离坚白”“白马非马”等著名诡辩命题，用现在的话说，就是把“同”与“异”的矛盾绝对化，认为“属性”可以脱离“本质”而存在——可谓智辩之龙。如东汉文学家李龙，曾与刘珍等共撰《东观汉记》，自撰《七叹》《衷典》等——可谓文慧之龙。这样的“龙”，还有明朝的以《沧溟集》名世的李攀龙等。

姓龙、名龙之外，还有别号龙，或被人称以、誉以龙名者。先哲老子有“犹龙”之称。源于孔子在拜见老子后所说的老子“合而成体，散而成章，乘云气而翔乎阴阳”（《庄子·内篇》）和“吾今见老子，其犹龙耶”（《史记·老子列传》）的话。如今，在老子故里河南鹿邑，还有一通明代的“犹龙遗迹碑”，嵌于老君台大殿东侧。三国时的诸葛亮和魏晋时的嵇康都有“卧龙”之称；宋代的李公麟别号“龙眠居士”；还有东汉时，荀淑的八个儿子个个有才名，时称“八龙”，公沙穆的五个儿子也有才名，时称“五龙”；晋时索靖等五人海内驰名，人称“敦煌五龙”；宋时窦仪与其四个弟弟号称“窦氏五龙”，等等。

称龙在汉语词汇里有丰富的反映。如为人刚正不阿称“龙亢”，恩宠荣光称“龙光”，得志或升官称“龙飞”，聪颖的儿童称“龙驹”，贤良才俊称“龙凤”，豪杰隐伏称“龙蟠”或“龙潜”，神采非凡称“龙章凤姿”，气势威武称“龙骧虎步”，声音高亮称“龙吟虎啸”，英雄得势称“飞龙乘云”，依附有声望显赫的人或位高权重的人称“攀龙附凤”，等等。

犹龙遗迹碑（河南鹿邑）

与龙相比，姓凤的人要少些。在大陆和台湾，凤姓均未排入前一百之列。我们平时接触到的凤姓人也算不上多。

“卧龙”诸葛亮像

凤姓的来源：一是位在三皇之列的远古部落首领伏羲、女娲都是风姓，而在甲骨文中，风与凤是同一的，也就是说，源自伏羲女娲的姓风者有可能以凤为姓。二是少昊时代，有“凤鸟氏”，被任命为“历正”，即掌管历法天文、节气时令的官，其后人便以凤为姓。三是唐代第五代南诏国王叫阁罗凤，其后人便以凤为姓。此凤姓人多生活在云南大理白族居住区。另外，回族中也有凤姓，主要分布在贵州一带。

凤姓名人有汉代仙家凤纲，据《太平广记》载，此人常采百草花以水渍封泥之，自正月开始，到九月末止采制，埋一百天，煎九次火。刚死者以药纳口中，可救活。他常服此药，至数百岁不老，后“成仙”，去向不明。另外，见于历史记载的还有明代因抵抗张献忠有功的衡州知府凤翕如，清代被革命党人掷弹炸死的将军凤山，清廷驻西藏帮办大臣凤全等。

以凤为名者，汉代有新莽末年农民起义军领袖王凤。天凤四年，王凤在湖北当阳的绿林山聚集数百人起义，数月间发展到七八千人。后与王匡率领部分农民军北入南阳，号“新市兵”。王莽政权被推翻后，封宜城王。以百鸟之王为名，又当了起义军领袖，还封了王，此凤名算是没有白叫。

唐代南诏王阁罗凤亦不愧凤名。他在位期间，数次大败唐军，使西南广大地区归于一统，并任用汉人为相，以汉文教贵族子弟，建立各项制度，使南诏政权强大一时。

宋代有南宋光宗朝的皇后李凤娘，传其出生时有黑凤集于乃父军营前，故名。《宋史》载此人“性妒悍”，曾谋杀光宗的其他后妃，故有“妒后”之称，当属外表美但心灵不美的“恶凤”一类。

明代有戏曲作家张凤翼，代表作品有《红拂记》《祝发记》等。

清代有生于康熙三十八年（1699 年）的吴凤。此人祖籍福建漳州，后移居台湾诸罗县，因通晓阿里山土著民情，被任用为通事。后因劝导废除猎首恶俗，于乾隆三十八年（1769 年）被误杀，当地土著深受感动，遂放弃恶俗。后人为纪念其舍身劝化之功，在其殉难处立碑，在其生前住处建庙，每年三月和八月举行两次祭礼。其庙香火至今不绝。此人可算作秉具凤之美德的人间“好凤”。

清后期有太平天国重要将领林凤祥。其人率部攻长沙，克南京，北伐河北，大败直隶总督。又孤军奋战，兵败被俘后，英勇就义。后被追封为求王，无愧凤名。同时期还有贵州省桐梓县农民起义领袖杨凤。其人于咸丰初年宣布奉湖北太平军命举旗抗清，克娄山关，围遵义城，后败于数省联兵。此人亦属无愧凤名的“勇凤”一类。有一幅太平天国时期的《凤凰蜻蜓》砖雕图案，其凤形体壮健，单足挺立，回首傲视蜻蜓，而蜻蜓音谐“清廷”，于是，这幅图案看上去便别有意趣。

清代还有两个称“凤苞”的人。一个是诗人、史学家杨凤苞，有《西湖秋柳词》《秋室文集》等行世，可以说颇具凤才。另一个是受清政府委派，出使德国，又兼使奥、意、荷三国的中国第一代外交官李凤苞。此人后因在购买德国军舰，从中收受贿银六十万两一事被革职，可视作有凤才、无凤德一类。

近当代以凤为名者，有谭人凤、张凤翙（huì）、聂凤智等。谭人凤是中国近代史上的革命家，屡次组织和参与旨在推翻清朝统治的起义，是同盟会重要骨干。他响应武昌起义，参与南京临时政府的成立工作。中华民国成立后，任粤汉铁路督办兼长江巡阅使。“二次革命”失败后，流亡日本。观其一生，可谓人中一凤。张凤翙的情形复杂些：留学日本时加入同盟会，却立即烧毁了同盟会证书。武昌起义后，领导了西安起义，成为陕西督都，之后却积极投靠袁世凯，镇压川陕“二次革命”和白郎起义，并拥护袁世凯复辟帝制。抗战中又反对不抵抗政策，力主抗战。翙的意思是鸟儿飞翔的声音。凤翙，就是凤飞之音。那么，张氏这只凤，飞举是飞举了，只是方向常转换，声音也不够纯粹。聂凤智是中国人民解放军的中将，曾任几大军区的空军司令员、南京军区司令员等职。

凤凰与蜻蜓（太平天国砖雕）

现当代知名度较高的“凤”，有农业科学家陈凤桐，经济学家曹凤岐，训诂学家朱起凤，作家梁凤仪、凤子，毛泽东的生活秘书张玉凤，曾做过山西省昔阳县大寨村当家人的郭凤莲，画家李凤兰，优秀演员田桂凤、张凤楼、新凤霞、秦凤云、张桂凤、金采凤、严凤英、潘凤霞、马金凤、申凤梅、李筱凤、史宝凤、谭凤元、白凤鸣、苏凤娟、李晓凤、郝彩凤、李凤绪、胡小凤、李赛凤，田径运动员郑凤荣，企业家靳喜凤，等等。这些“凤”都在各自的行业中出类拔萃，且以女性为多。

凤还被人用作“号”。最有名的是三国时的庞统，此人博学多才，以谋略胜人，号称“凤雏”。“雏”有幼小、未成型之意，“凤雏”也就是“雏凤”，即还未长大的凤。如此看来，庞统以“凤雏”为号，似有自谦之意。另外，庞统自号“凤雏”，大概也是为了和号称“卧龙”的姻亲诸葛亮（诸葛亮的姐姐嫁给了庞统的堂哥）作比，当时就有“卧龙凤雏，两人得一，可安天下”之说。

“凤雏”庞统像

以凤为号者，还有明代弘治年间的进士秦金。秦金字国声，号凤山，是秦观长子秦湛的后裔。他历事孝宗、武宗、世宗三朝，官至南京兵部尚书、太子太保。嘉靖六年，秦金由户部尚书任上告老还乡，在惠山寺左街建“凤谷行窝”。“凤谷”寓园主的别号，且与惠山之别名“龙山”相对应，“行窝”就是别墅了。凤谷行窝追求自然野趣，简朴静雅，后经子侄辈不断整修改建，遂成为江南名园——寄畅园的前身。

生肖龙凤

作为一种纪年方法，天干地支相传出现于夏朝，或者更早。有“黄帝立子丑十二辰以名月，又以十二名兽属之”（《事物纪原·卷一》引

《事始》)，和黄帝使“大挠作甲子”(《吕氏春秋·尊师》“黄帝帅大挠”高诱注）等说法。完整记载十二生肖的文献，一般认为最早出现在东汉王充的《论衡》里。但《诗经·小雅》中，就有“吉日庚午，即差我马”(将“午”与“马”相对应）句；而在湖北云梦睡虎地 11 号秦墓（下葬于秦始皇三十年，即公元前 217 年）出土的简册甲种《日书·盗者》篇中，十二生肖已几乎完整出现。这样看来，在春秋战国时期，子丑寅卯辰巳午未申戌亥，就大体上和鼠牛虎兔龙蛇马羊猴鸡狗猪相配了。从此，每一个年份，都有了自己的肖年；每一个人，也都有了自己的属相。

关于十二生肖的起源，一般认为与古人对天象的观测和对动物的崇拜有关。“大多数民族的历法都把一年分为十二个月，这是因为仰观于天的结果发现太阳与月亮沿黄道运行一周，每年刚好会合十二次。我国先民把十二年定为一纪，是因为从天象上观测到岁星（木星）十二年一周天。十二年的时间不好记，于是又配上地支和属相。不过还有迹象表明，属相纪年并不是最早的动物纪时法，在它之前还有过动物纪月法和纪日法。”[19]

龙在十二生肖中，位置未排在第一，但依然可视作领袖，这是因为：其一，其他十一种生肖都是现实中存在的动物，唯有龙是神物，神物源于动物，高于动物。其二，除鼠、鸡稍远外，牛、虎、兔、蛇、马、羊、猴、狗、猪，都是龙的容合对象，龙的形象中，牛龙、虎龙、兔龙、蛇龙、马龙、羊龙、猴龙、狗龙、猪龙，甚至鼠龙，都出现过。其三，龙在一天中对应的是辰时（清晨 7 时至 9 时)，在一年中对应的是春三月。辰时，太阳初升，朝气蓬勃；春三月，万物萌动，农活开始。这两个时间都比较重要，所谓“一日之计在于辰，一年之计在于春”。

按农历纪年，十天干和十二地支配十二生肖，转一圈一个“花甲子”。这六十年中，会有五个龙年，每十二年遇一个。中国人口现有十数亿，其中必定有一亿多人属龙，加上属“小龙”(蛇）的，就是两亿多。再加上姓龙的、称龙叫龙的，人数就更多了。即使不属龙，也不姓龙叫龙，只要活十二岁，就得过一个龙年。这还不算日常生活中看到的、听到的、感受到的龙——那可是任何一个中国人都不能回避的。

陕西西安韩森寨唐墓出土的十二生肖俑（唐）

一些谈生肖的书籍、文章，对“生肖龙”有种种阐释，如——

“属龙人的能量很大。他那急躁、渴望和几乎是宗教性的热情，像寓言所讲的龙口中喷出的火那样燃烧。他有做大事的潜力，因为他喜欢大刀阔斧地干事情，然而，如果他不能控制他那早熟的热情，就会把自己烧掉，变成一缕青烟。他的性格易变得狂热，不管做什么事情总是大张旗鼓，中国人把他看作财富和权力的卫士。他当然属于成功的属相，但他也是权迷心窍的狂妄自大的人。”[20]15

“属龙的男性与意中人在一起时，会十分紧张。虽然他对爱人十分体贴温柔，但由于天性敏感，所以有时也会闹情绪，将对恋人的爱和对母亲的爱混淆了。由于自尊心强烈，他除了怕被伤害外，更怕自己会伤害到对方，所以会对爱人十分怜惜。他能够体贴女孩子的心，但嫉妒却强烈了一点。当他在恋爱时，会表现出多愁善感的天性。外表稳重的他，婚后会显得较为孤僻。情绪波动大，在外遇上不愉快的事，会憋着一肚子气回家，闹闹情绪。虽然如此，他却又乐于协助太太做家务，是个典型的标准丈夫。”[20]37

十二肖纹镜拓片（宋）

生肖辰龙（民间剪纸）

上述说法，属于“姑妄说之”“姑妄听之”范畴，没有什么科学依据。属龙的人多了，一些属龙者可能具备上述特点，一些属龙者则未必；另一些不属龙者也未必不具备上述特点。当然，诸如此类的说法会对属龙者认识、激励、安慰自己起到一定作用，对人们认识属龙者也会有所帮助，起码可作为参考资料。

属龙的名人，古代有西晋开国皇帝司马炎、明太祖朱元璋、清太宗皇太极等，近当代有教育家蔡元培、文史学家郭沫若、作家贾平凹、表演艺术家唐国强等。

十二生肖里，有龙无凤，但有鸡，而鸡，则是凤的排在第一位的模特儿或者说取材对象。凤的形象很多取材于鸡。

鸡形凤纹（北魏石刻）

鸡形凤纹（明代玉器）

因此，笔者郑重地发出一个倡议：改生肖“属鸡”为“属凤”。笔者提出了四项理由：其一，鸡是凤的重要的取材对象，所谓“鸡窝里飞出金凤凰”。其二，鸡在中国人的话语中，尽管有不少好的指称、寓意，但也有贬义的指代，而凤的文化精髓是和美，几乎没有贬义。其三，属相属于生肖民俗。民俗是民间“约定俗成”的习俗。民俗有传承性，也有变异性。既然大家能“约定俗成”属鸡，也就能“约定俗成”属凤。其四，将属鸡改为属凤，有利于提升女性的社会地位，有利于男女平等、社会和美。[21]

这个倡议曾于农历丁酉鸡年到来之际，在媒体亮相，反响热烈，许多人表示赞同，尤其是一些“属鸡”的女性同胞，更是举双手赞成。当然，倡议归倡议，赞同归赞同，真的要改，就不容易了，因为作为十二生肖民俗之一的鸡属相至少已传承了两千多年，国人已“习惯”了。

服装龙凤

“服装龙凤”指的是龙凤纹象以织绣、勾绘、缝缀等方式出现在服装上。

最早的有龙凤纹的服装大概要算相传舜帝时就出现的“十二章”冕服。《尚书·益稷篇》记：“帝曰：予欲观古人之象，日、月、星辰、山、龙、华虫、作会（绘）、宗彝、藻、火、粉米、黼（fǔ）、黻（fú），絺绣以五彩，彰施于五色，作服汝明。”其中“龙”已言明，象征灵异通天；“华虫”就是多取材于锦鸡（雉）的凤，象征文采焕然。

对“十二章”是否最早出现于舜帝之时，学界目前还有争议，笔者倾向于“是”。理由有二：其一，从考古发现来看，“十二章”中的纹象，绝大多数在新石器时代已经出现，如出土于大汶口文化遗址的日月山纹、出土于仰韶文化遗址的龙凤纹、黼（斧）纹等。既然陶器上能出现这些纹样，将其织、绘在衣服上是完全有可能的。其二，《易经·系辞下》有记：“黄帝、尧、舜垂衣裳而天下治，盖取之乾坤。”“垂”在这里可两解，一是“自上缒下”，引申为缝制，“垂衣裳”即缝制衣裳；二是“颁布”，“垂衣裳”即颁布衣裳的式样。“取之乾坤”可理解为取材、取样于自然界。而“十二章”绝大多数来自于自然界。

也许是丝麻织品不易保存的缘故，考古还未发现夏商周三代的龙凤服，但可以相信是有的。其理由，一是出土的属于三代的陶器、玉器、青铜器上有较多的龙凤纹；二是记有“十二章”的《尚书》是出自周代史官的多体裁文献汇编；三是《礼记》明言：“天子龙衮”，即历代帝王均以上绣龙纹的袍服为朝服。《礼记》虽成书于战国至秦汉年间，但可推断为是对前朝典章制度的记述和总结。

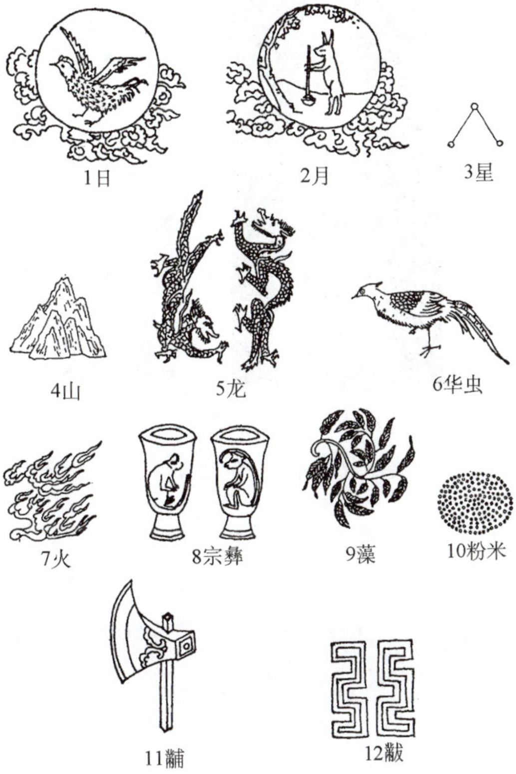

十二章纹

1986年，在四川广汉三星堆遗址二号祭祀坑出土了一件青铜立人像。像高172厘米，和现代人差不多。立人“身着”窄袖与半臂式右衽套装上衣三件。衣左侧有两组相同的龙纹，每组为两条，呈“已”字形相背状。衣左背后还有一卷龙纹。考古专家判断此青铜立人像（约公元前1200年—公元前1000年）为蜀王之像，那么，这位蜀王“身着”的龙纹服装就是以雕塑的方式面世的最早的龙袍实例了。

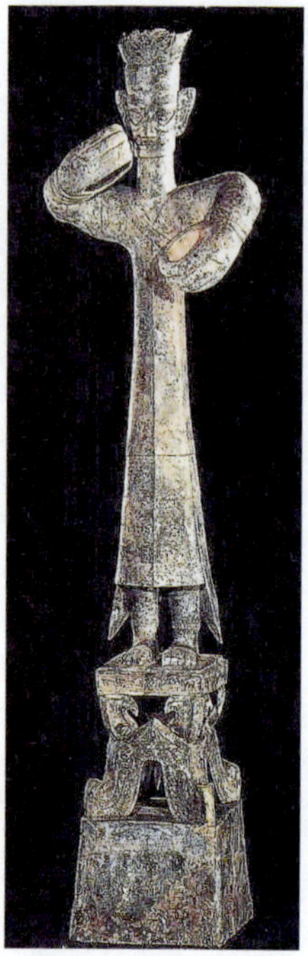
四川三星堆出土的

青铜龙衣立人像（商）

中国原始龙袍复原图

2007年10月，相关单位组织专家将蜀王龙袍复原成功，并在北京人民大会堂举行了“中国原始龙袍复原面世捐赠仪式”。据介绍，复原的龙袍，由用丹砂矿红色平纹绢和黄色绣线绣制的四件套组成，最外面的一件右衽长仅及膝，前后襟左侧各绣两条龙纹，分上下两列规整排列，前后襟龙尾相对；龙头朝右，龙头右面有一条直条纹区隔，另在后背右肩部位绣有一条螭龙纹。

相关报道指出，在21世纪的今天，能够在三星堆青铜立人像身上如此清楚地看到公元前1000年以前蜀王礼服的裁剪结构、纹样形式、服装配套，这实在是中国服饰文化史上的伟大奇迹。通过对三星堆青铜立人像龙纹礼衣装饰纹样的分析，不但可使我们了解龙文化在服饰文化中的重要地位，而且可纠正过去认为蜀绣的历史始于清中期的说法，把蜀绣历史上推到了商代。[22]

春秋战国时期的龙凤服已普遍到一定程度。湖北楚地战国墓葬出土的“舞凤飞龙纹”“蟠龙飞凤纹”“对龙对凤纹”等刺绣，就是明证。不仅如此，如中国服饰文化研究专家张志春先生所总结：“许多春秋战国时期就已广泛运用的交织纹样，就在其线条构成的端点部分或转折部分描绘出龙及类龙动物的头和躯体形象，仿佛使人觉得这些复杂的纹样乃是由龙的躯体缠绕而成。在秦汉时大量的云纹、云气纹中，我们更容易找到龙的身影。后来，随着佛教艺术的传入，卷草纹类型的纹样的大量出现，龙的形体又与它们结合得天衣无缝，以至于几乎所有的中国常用纹样，都可以毫不牵强地镶入龙的形象。云头、花叶、卷草、如意、方胜、卍字、同心等‘构成型’或‘模拟型’纹样，都可以看成是龙形的不同变化、穿插与组合构成的纹样。这类纹被大量地运用在服饰等装饰之中，形成了所谓‘如意龙纹’‘拐子龙纹’‘方胜龙纹’等定型化纹样。中国图案中常出现的水、云、花、草、鸟、兽等，无一不能进行‘龙化处理’或与龙组合在一起，形成云龙纹、水龙纹、草龙纹、花龙纹、龙虎纹、龙凤纹等。”[23]

湖北江陵马山一号楚墓出土的刺绣龙凤相蟠纹（战国）

西周至清末民初，“天子龙衮”一脉相承，所谓“天工寄人英，龙衮瞻君临”（王维《送韦大夫东京留守》）。其龙多为“升龙”“正龙”和“行龙”。皇帝之下的“三公”也可穿“龙衮”，但只能用“降龙”。元代统治者规定五爪龙纹专为皇家所用，明清两代袭之。明代又规定朝臣可穿四爪无角的“蟒衣”。“蟒衣为象龙之服，与至尊所御袍相肖，但减一爪耳。”（明·沈德符《万历野获编·补遗二》）有三品以上“九蟒”、四

山东曲阜孔府藏墨绿地妆花纱蟒衣（明）

至六品“八蟒”、七至九品“五蟒”之分，还有“坐蟒”“行蟒”“盘蟒”“单蟒”“双蟒”“黄蟒”“红蟒”“青蟒”“过肩蟒”“细云蟒”“教子升天蟒”等之别。清代袭之。

一般老百姓也并非与龙服无缘。大约自南北朝时起，军中将士们穿的甲胄就有“龙甲”之称，所谓“龙甲犀渠，皆是云台之仗”（徐陵《梁贞阳侯重与太尉书》）、“金库夜开龙甲冷，玉堂秋闭凤笙低”（张蠙《赠李司徒》）。民间则将用麻或草编就的牛蓑衣称为“龙具”。唐代诗人陆龟蒙有诗云：“病中祗自愁龙具，世了何人识羽袍。”（《袭美将以绿罽为赠因成四韵》）

“不语亭亭俨薄妆，画裙双凤郁金香。西京才子旁看取，何似乔家那窈娘？”这是唐代诗人杜牧《偶呈郑先辈》中的诗句，从中可以看出，唐代家境好些的年轻妇女穿画有双凤的裙服已成时尚。“圣人生日明朝是，私地教人属内监。自写金花红牍字，前头先进凤凰衫。”这是唐代诗人王建《宫词一百首》中的《其五十九》，从中可以看出，在唐代，穿凤服、着凤装，不仅是妇女们的时尚，也是帝王们的雅好。这当然也说明，尽管从秦代开始，凤就有了象征、代表女性的功能，但至少在唐代，凤在象征、代表女性的同时，也还可以象征、代表男性，尤其是男性帝王，唐太宗李世民就作过一篇《威凤赋》，将自己比作“威凤”。

凤服为女性所专用，大概起自明代。《明史·舆服志二》载：“皇后冠服。洪武三年定……其冠，圆匡冒以翡翠，上饰九龙四凤……”“皇后常服，洪武三年定，双凤翊龙冠……诸色团衫，金绣龙凤文……四年更定，龙凤珠翠冠……冠制如特髻，上加龙凤饰，衣用织金龙凤文，加绣饰。永乐三年更定，冠用皂縠……翠凤二，皆口衔珠滴……金凤二，口衔珠结。三博鬓，饰以鸾凤。……珊瑚凤冠觜一副”“皇妃、皇嫔及内命妇冠服……常服，鸾凤冠……金绣鸾凤，不用黄……真红大袖衣，霞帔，红罗裙。褙子，衣用织金及绣凤文。”

奉天诰命金凤冠（清）

上述情形，属于皇家的讲究和规定。在中国，宫廷中的讲究常常会影响到民间。我们知道，元代统治者曾对龙纹、凤纹的发出一些垄断性的指令，但是，第一，这些指令并没有得到十分有效的、贯穿始终的执行；第二，即使执行，龙纹和凤纹也有区别，即对凤纹的控制严格程度要远远地逊于龙纹。这样，就为民间，尤其是比较富足的官宦人家的女性，仿效宫中嫔妃的样子，穿着凤服提供了可能性。

到了近当代，平民百姓穿龙凤服装的情形就更多了。当然，一般都在比较正式、比较隆重的场合。图案有“升龙”“行龙”“对龙”“龙首”“金凤”“凤穿牡丹”“百鸟朝凤”“龙凤呈祥”等，寓意健美、和谐、吉祥。

当代民间“龙服”

伦敦奥运会上中国运动员的“龙字”运动服

饮食龙凤

考察有关龙凤的饮食民俗，以下几个特点是显明的——

一是历史久远。

最早的“食龙”的记载出现在《左传·昭公二十九年》中。据说，夏代有一个名叫刘累的人，跟着豢龙氏学“扰龙”，受到夏后（即夏王孔甲）的奖赏，赐氏“御龙”。后来，一条雌龙死了，刘累便将其腌作肉酱奉献给夏后，夏后美美地吃了一顿。过后不久，夏后还要吃龙肉，刘累害怕了，就迁逃于鲁县。此记载中的龙，就只能是作为容合对象的“龙”，大概是鳄或蟒蛇。

将容合对象作为龙食之的记载还见于《雕玉集》卷十四的《别味篇》。说晋时有一人，馈送给陆机一器皿腌制的鱼肉，陆机尝了尝，觉得味道很美，就转饷于范阳人张司空。司空尝了一口，说：“这是龙肉。”陆机不怎么相信。司空说：“以苦酒浇灌，必当有异。”陆机就按他说的办了，果然有“五色文章”出现。这里的“龙肉”当然还是鱼肉，是张司空视鱼为“龙”。至于在苦酒的浇灌下出现“五色文章”，当是某种正常的化学反应。

二是品类齐全。菜、汤、面点以及茶、酒、瓜、果、饮食器具等，都有龙凤的参与。

龙菜有“蟠龙菜”“乌龙赏月”“黄龙戏宝”“龙井虾仁”“龙袍大虾”“盘龙大鳝”“滚龙”“金龙”“金龙摆尾”“乌龙贺岁”“巨龙吐焰”“龙马精神”“群龙戏海”“龙王戏珠”“双龙出海”“虾子烧龙衣”“金丝海龙蟹”等。花色冷盘有“龙舟载宝”“龙盘玉柱”“龙筋凤腿”“龙眼雪耳”“莲花龙卷”“黄金龙片”“龙子芹菜”“辣油龙豆”“扇面龙须”等。龙汤有“飞龙汤”“龙凤汤”等。面点有“龙须面”“龙须酥”“龙抄手”“四喜龙饺”“龙嫂米线”“盘龙馒头”“南京一条龙包子”“端午龙舟粽子”等。龙茶有“龙井茶”“乌龙茶”“密云龙”“九龙化茶”等。龙酒有“龙酒”“龙膏酒”“东方龙酒”“龙国宴酒”“土龙酒”“泸康龙酒”“九龙醉”“小白龙”“龙根液”“转龙液”等。龙瓜有“龙蹄瓜”“龙肝瓜”等。龙果有“龙眼”“龙荔”“火龙果”等。

蟠龙菜（湖北钟祥）

一款茅台酒

金龙（萝卜雕刻）

立凤（萝卜雕刻）

凤菜有“凤巢三丝”“凤醉红尘”“靖江扒凤腿”“干拔麻花凤衣”“凤凰金珠”“凤城酿节瓜”“凤城鱼皮角”“凤凰一品鲍”“白酿凤翅”“金凤归巢”“凤尾目鱼花”“凤凰青口贝”“秋叶凤脯”“凤鸣西都”“展凤”卤制品系列（鸡腿、鸡翅、鸡蛋、鸡爪）“春凰”系列（爊鸡、鸡肫、鸡爪、鸡翅）等。花色拼盘有“凤穿牡丹”“立凤”“凤彩香目”“金凤展翅”“龙凤呈祥”“龙凤配”“凤尾卷”“百花朝凤”“龙凤宫灯”“凤尾蕨”“凤尾鱼”等。面点有“凤凰水饺”“龙凤水饺”“凤尾酥”“龙凤高桩茶”（名为“茶”，实为糖点）。凤酒有“西凤酒”“白凤仙酒”“白凤乌鸡酒”“扶衰仙凤酒”“北凤酒”“潘凤酒”等。凤茶有“凤饼”“凤凰单枞”“泸州凤羽茶”“凤翅绞股蓝茶”“天凤苦丁茶”“乌鸡白凤茶”等。凤果有“凤梨”“古凤荔枝”“早凤王桃”等。

凤戏牡丹（花色拼盘）

龙凤呈祥（菜品一款）

凤凰水饺

西凤酒商标

至于饮食器具，从古代的龙凤鼎、龙凤罐、龙凤壶、龙凤瓶、龙凤盘、龙凤碗、龙凤杯到当今冠以龙名的冰箱、冰柜、微波炉、电烤箱，可以说随处可见。

龙凤饮食民俗有丰富的文化内涵——

一是“神话龙凤”。早期龙凤的有关信息，多夹杂、融会、贯穿在原始神话中；后世龙凤和神话传说也多有瓜葛。于是，一些饮食品种便同“龙凤神话”结了缘。

如“白龙臛”——相传古时有白龙化身为白鱼，潜入清水潭中。渔夫豫且射中白鱼的一只眼睛，白鱼哭于天帝。天帝说：“渔夫以打鱼为生，他并不知道你是白龙的化身，有什么罪过呢？”后来人们就根据这个传说做成一道菜：一圈翠绿的青菜围起一堆白嫩的细条鱼肉，名曰“白龙臛”。如今，此道菜已作为唐菜系列之一种，被西安人民大厦的烹饪大师继承了下来。

如“龙人河螃蟹”——相传江苏高港的口岸镇，古时有农家女金妹因坐河边青石而怀孕，生下圆滚蛋一个。金妹因觉得无脸见人而投河自尽。于是，蛋破龙出，掀波逐浪，将金妹的尸体托到河岸。此河遂被称为“龙人河”。此后每年的正月初三，龙都要用许多又大又壮的螃蟹来祭奠生母。“龙人河螃蟹”便由此出名，成为当地一道名菜。

如“九龙化茶”——相传古时一个刘姓樵夫上江西安远城南的大山中砍柴，云雾缭绕中忽见九条金龙从云端飞来，在山峰间盘旋飞舞。云雾散后，金龙飞过的地方长出了九棵大茶树。樵夫采其嫩叶，炒制成茶，其味香甘醇厚，且有除痰利尿的功效。人们都说这九棵树是九条龙的化身，故称此茶为九龙化茶，此山也得名九龙山。此后，山民们竞相引种，渐成茶林。

如“凤凰茶”——贵州省苗岭云雾茶名称上没有凤凰，但其优异的品质却与凤凰有关。传说云雾山上有座凤凰坡，满坡种茶，有一对凤凰常在茶树上梳洗羽毛，昂头鸣唱。清代乾隆年间，按照惯例，朝廷每年向苗家索取“贡茶”，苗家百姓一年辛苦，往往就这样被官府剥夺得精光，生活十分困难。而贡茶数量

民间煨汤龙纹瓦罐

年年增加，苗家百姓实在无法活下去了，于是有人说，这样下去，不如毁了茶树，也可免交贡茶了。秋冬来临，山上茅草被寒霜打得白乎乎的，纷纷枯萎了，而茶树依旧郁郁葱葱。怎样才能叫茶树也像茅草一样枯萎呢？有人说，我们大家烧开水，用开水浇在茶树上，烫焦茶树，就说是遭霜打的。于是大家一齐动手，烧水浇茶树，烫得茶树一片焦黄，然后去禀报官府。县官听了不信，到茶山一看，果然如此，气得大发雷霆，要抓人去惩办。愤怒的百姓提着刀、棒，从四面围了上来，吓得县官连忙答应禀报皇上，免去贡茶，然后匆匆逃去。茶树枝叶虽然枯萎了，但根还活着。那对凤凰见茶树枯萎，伤心极了，一边飞，一边哭，凤凰的泪滴在茶树上，没有多久，茶树转青复活，枝叶又显得绿葱葱了。凤凰坡的茶树经过凤凰泪的浇灌，品质就更加优异了。

二是“帝妃龙凤”。在漫长的专制社会，帝王们都以“龙”自比，后妃则以“凤”称之。反映在饮食上，便是出现了一批和“帝妃龙凤”有关的食品。

如“蟠龙黄鱼”——相传三国时期，东吴都督周瑜设下美人计，谎称要将孙权之妹孙尚香许配刘备，诱其前来，以便寻机除掉。不料孙尚香对这位刘皇叔一见钟情，亲手为其制作了几道佳肴，其中之一便是用去骨大黄花鱼及海参、虾仁、冬笋、火腿等做成的“蟠龙黄鱼”，意在挽留刘备。此菜色泽艳美，酸甜适口，松软鲜嫩。刘备食后果然乐而忘返，后来还是诸葛亮使计使刘备平安回到荆州。此后，“蟠龙黄鱼”便流传开来，成为江南一道名菜。与这件帝王轶事有关的还有一道名为“龙凤配”的流行于湖北一带的“龙凤菜”——相传刘备回到荆州后，当地百姓以黄鳝为金龙，以母鸡为彩凤，做成“龙凤配”的吉祥喜宴以示祝贺。

如“南京一条龙”——相传南朝末代皇帝陈叔宝，少时贪玩，曾溜出宫门，一连三天随便取吃街铺上的包子。铺主消受不起，要他留个“账头”，他便随口说出“朕是一条龙”的话，并写下了“一条龙”三个字。不久，人们知道了他的真实身份，纷纷涌来买包子吃，包子铺顿时生意兴隆。“一条龙”三字被裱成中堂，铺门被称为“龙门”，这条街也成了“龙门街”。“一条龙”包子至今盛名不衰。

如北京的传统面食“龙须面”——相传明朝时，御膳房里有位师傅，在立春吃春饼之日，做了一种细如发丝的面条，呈送皇帝品尝。皇帝尝后龙颜大悦，遂命名为“龙须面”。

一款龙须面包装图

如宫廷菜“游龙戏凤”——相传明代正德年间，武宗朱厚照私出微行，来到梅龙镇某酒馆，被店主李凤姐的美貌所倾倒。李凤姐见来客气度不凡，就亲手做了一道菜端了上去。武宗问“此菜何名”，凤姐言“此菜无名，请客官给起一个”，武宗便说“叫‘游龙戏凤’如何”……一来二去，两人都对彼此产生了好感。最后，武宗显露了身份，二人遂成就一番好事。后来，武宗诏凤姐进京，封其为娘娘。由此，“游龙戏凤”成为宫廷一道名菜。如今，品尝“游龙戏凤”已非难事，只是各处的用料不同，做法和风味也有异。辽宁的“游龙戏凤”以大连刺参为龙，以当年笋鸡为凤；北京的“游龙戏凤”以水发鱿鱼为龙，以鲜活笋鸡为凤。皆先炸后烹，成色香味美的汤锅。

如“凤凰蛋”——乾隆皇帝闻知翰林院编修李调元擅长烹调，就出了一个“凤凰蛋”的菜名让其一显身手。李调元将一个猪尿泡灌足气，风干，然后将鹅蛋、鸭蛋、鸡蛋、鹌鹑蛋各十个打在其中，再加上各色香料，封口后放入水井中旋转一番。之后，用特殊的方法制熟，端上宴席。但见此蛋晶莹剔透，各色香料呈不同花样镶嵌在蛋间，显得五彩缤纷，光耀夺目。切开后，奇香逸出，橙红、橙黄、淡黄的三色蛋心，形状独特，像雏凤蜷伏。乾隆品尝后，赞不绝口，遂成一款名菜。

三是“吉祥龙凤”。龙凤既是“神物”又是“吉祥物”。人们总是希望龙凤能从高高的神坛上走下来，从奢华的帝王宫殿里走下来，从遥远的天边走下来，来到老百姓中间，给人以祥瑞和福佑。这样，饮食品种里便出现了一批“吉祥龙凤”。这些“吉祥龙凤”在“龙凤菜”“龙凤食”中占有很大的比例。

如四川的“龙抄手”——在成都市春熙路南段，其用料讲究，做工精细，馅嫩皮薄，品种多样，香味浓郁——借“浓”为“龙”，取神龙降福之意。

如广东番禺一带的“龙船饭”——每年端午节龙舟竞渡期间，各乡村都要按约定俗成的日子让龙舟相聚一赛。每赛一处，当地宗族祠堂或村民都要大排宴席，俗称“龙船饭”。这龙船饭以鱿鱼、虾米、冬菇、烧猪肉、鸡肉等菜蔬烧煮而成，好吃且有营养，可以放开肚皮吃，吃得越多越好。吃此饭的目的除了慰劳划龙舟的健儿，款待各方来客，寓意团结奋进外，还有借龙舟竞渡的机会，邀朋请友，举箸把盏，祈求一年风调雨顺，一家平平安安的用意。

四是“科技龙凤”。龙凤文化是全时态的文化，既是过去时，又是现在时，还是将来时。从古到今，龙凤文化在各个时代都有不同的特点，都打上了各个时代的烙印。当今是科学技术飞速发展的时代，“科技龙凤”便应时而生。如“华龙面”“龙嫂米线”等，都是龙凤饮食民俗与现代科学技术相结合的产物。

龙凤菜中的所谓“龙”，都属龙的取材对象，多为蛇类和鱼类；所谓“凤”，也都属凤的取材对象，多为鸡类、鸽类及其他鸟禽。这些传统菜肴的食材，有很多都是珍稀野生动物，因此，我们在讨论龙凤饮食民俗时，就不能不谈及动物保护问题。

如果说龙凤是古人对自然界畏惧、疑惑、崇拜的产物，没有错；如果说，龙凤是古人对自然界，尤其是动物界理解、尊重和审美的产物，也没有错。龙凤，几乎就是动物界的象征、代表和领袖。作为神物的龙凤，差不多一直是人们崇拜、敬祀的对象，几千年的发展演变，龙凤已成为民族的图徽和象征，那么，龙的传人该不该保护龙凤的容合对象——各类野生动物呢？回答是肯定的。

如果一种习俗违背了人类文明发展的方向，那么这种习俗就成了“恶俗”或“陋俗”，对恶俗和陋俗，是没有必要传承的。

第五章 龙凤节会民俗

节会民俗是指民间有关节日庙会的种种风俗习惯。幅员辽阔的中华大地上，年年岁岁，除个别月份外，几乎每个月都有与龙有关的节日或庙会，有时一个月内还出现多次。这些节日庙会有属于某个民族的，有属于某几个民族的；有属于某片地域的，有属于多片地域的。它们大都集祈神、祭祖、教化、生产、娱乐等于一体，体现着浓郁的民俗文化色彩。

龙头节

龙头节又称“龙抬头节”“春龙节”“青龙节”“二月二”等。是汉、满、蒙古、赫哲、鄂温克、达斡尔等民族的传统节日，时在每年农历二月初二。

关于龙头节的起源，有这样一则传说：一千多年前，玉皇大帝对武则天这位女士穿龙袍坐龙椅看不惯，就传谕四海龙王，三年内不许向人间降雨。司管天河的白玉龙，即《西游记》中驮唐僧西天取经的那匹白龙马——大概是一路上遍尝了人间疾苦吧，不愿意看到天下百姓因颗粒无收而饿死，就违抗天命行了一场雨，结果被玉帝压在一座山下，并竖碑一通，刻诗云：“玉龙降雨犯天规，当受人间千秋罪。要想重登灵霄阁，除非金豆开花时。”受惠的百姓多么想搭救玉龙啊！可金豆是什么豆呢？一个老婆婆背一袋包谷去街上卖，不小心撒了，看到一地的包谷粒金黄金黄，人们心头忽然亮堂了：这不就是金豆吗？炒一炒不就开花了吗？于是奔走相告，约定二月初二这天，各家各户都炒“金豆”，并将炒开花了的“金豆”，供在当院。镇压玉龙的那座山原是太白金星的拂尘变的，太白金星人老眼花，见遍地金豆开花，就将拂尘收起。于是，玉龙重返蓝天，吸卷天河，普施好雨。玉皇大帝得知后，尽管有些生气，将太白金星批评了一番，终究无可奈何。从此，二月二炒包谷花的习俗便流行开来。有的还一边炒一边唱：“二月二，龙抬头，大仓满，小仓流。”

从提及《西游记》及白龙马来看，这则传说产生的时间不会太早。其可取之处，是将龙头节与龙联系在一起，意在说明：过此节是为了纪念玉龙，而这条玉龙是不畏强权、造福百姓的善龙。

龙头节（陈晓晖 绘）

其实，龙头节的起源与二十四节气中的“惊蛰”有关。“惊蛰”就在农历的二月初二前后。蛰者，动物冬眠也，是动物们对冬季寒冷且食物不足的外部环境的一种适应。春二月，天气转暖，春雷阵阵，蛰居了一冬的无脊椎动物，两栖类、爬行类动物，及许多哺乳类动物都受到了惊动，要从藏身的地方钻出来，活动活动筋骨了。如《月令七十二候集解》所言："二月节……万物出乎震，震为雷，故曰惊蛰，是蛰虫惊而出走矣。"

在龙的容合对象中，不少动物都有冬眠的习惯，如蛇、鳄、蜥蜴、熊等。随着春天的来临，它们从昏睡状态苏醒过来，爬出洞穴，开始寻觅食物。笔者说龙的容合过程具有模糊性，这个"模糊"，既表现在容合对象的多元，即取材的多样性，也表现在容合的结果和容合的对象之间在一定的条件下可以互代。这便是人们既将容合起来的神物称龙，有时又将蛇、鳄、蜥、猪、牛、马等称龙的原因。古书上讲的"畜龙""豢龙""御龙""屠龙""食龙"等，其龙当然不会是成为神物的龙，而是龙的某种取材对象，如鳄、蛇、鱼、猪等。同理，人们说"龙抬头"，实际上是说蛇、鳄、蜥等动物抬头；反过来，说这些动物抬头，也就意味着龙抬头。

龙的容合对象，不光有动物，还有天象。云、雷电、虹、星象等，都在龙的取材对象之列。所谓龙抬头，还含有地上的龙和天上的龙相感召、相会合的意思，或可言地上的龙已经昂首起身，就要飞升到天上去了，就要变成滚动的云团、叱咤的雷电、壮丽的彩虹、璀璨的星宿了。而云团、雷电、彩虹等都是和雨水密切相关的天象，这也就是说，龙一抬头，"贵如油"的春雨就要普降大地，润泽四方了，而春耕生产也由此要全面展开了。

有研究者认为，所谓"龙抬头"，抬的其实是纵贯东方天宇的龙星。古代的人们用"二十八宿"来表示日月星辰在天空的位置，并以此星宿的轮回来把握季节的变化，来"观天测时"、指导农事。二十八宿中的东方苍龙七宿，即角、亢、氐、房、心、尾、箕之连线有如龙形，其中角宿两星（角宿一和角宿二）恰如龙之双角。在农历二月初二之夜，两只"龙角"会从东方地平线上缓缓升起，故称"龙抬头"。

据此，可认为龙头节是农事活动启动的标志；而龙，也由此展示出其作为"农神"的一面。

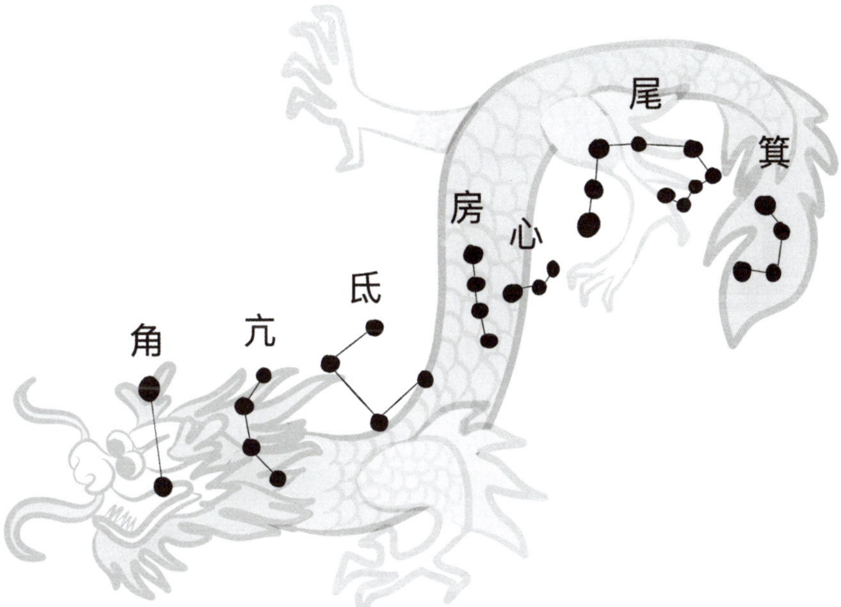

东方苍龙七宿图（陈晓晖 绘）

龙头节起源于何时？人们一般要追溯至唐代的“中和节”。中和节是唐德宗于贞元五年（790年）颁布推行的，因由是“春方发生，候及仲月，勾萌毕达，天地和同，俾其昭苏，宜助畅茂”，故“以二月一日为中和节，以代正月晦日”（《旧唐书·德宗本纪》)。这个节日里，有些什么活动呢？“令百官进农书，司农献种穛之种，王公戚里上春服，士庶以刀尺相问遗，村社做中和酒，祭勾芒以祈年谷。”

那么，这个中和节与龙头节有关系吗？笔者认为是有的，只是不够直接而已。理由：第一，中和节有除旧、开新、励农之意，春龙节亦有此意。第二，中和节祭祀的是春神勾芒，而这个勾芒，与龙有关。勾芒，亦作“句芒”。《山海经·海外东经》言：“东方句芒，鸟身人面，乘两龙。”《五经正义·月令》曰：“是句芒者，主木之官，木初生之时，句屈而有芒角，故云句芒。”这“句屈而有芒角”，也接近于龙的形状。

确切记载龙头节的史籍是元代熊梦祥的《析津志·岁纪》：“二月二日，谓之龙抬头。五更时，各家以石灰于井畔周遭糁引白道，直入家中房内，男子、妇人不用扫地，恐惊了龙眼睛。”这样看来，至晚在元代，过龙头节的民俗就已经形成了。

龙头节起源于何地呢？笔者说过，龙头节与二十四节气中的“惊蛰”有关，而二十四节气起源于黄河流域，是生活在地球北半部温带气候（尤其是陕西关中地区）的我国劳动人民，为了农业生产的需要，依据地球绕太阳运动时在轨道上的不同位置创造、确立的。据此，可以做出龙头节起源于黄河流域中下游的判断。至于南方长江流域和东北辽河流域的龙头节习俗，当是民俗随着民众的脚步迁徙、流传、演化的结果。

龙头节这一天都有哪些民俗活动呢？我们不妨大体按从早到晚的顺序来列一列——

撒灰引龙。《析津志·岁纪》载，京津一带，五更时就开始撒“石灰于井畔周遭糁引白道，直入家中房内”了。辽宁则是“晨起”做此事。《奉天通志》载：“人家晨起以灶灰撒院中，左右作大圆圈，复由堂门撒至大门，延至井堰，名曰‘引龙’。”所撒之灰有柴灰、石灰、谷糠等。所撒之地有：一是井、河、塘等水边。清乾隆年间《天津县志》载：“二月初二日，以灰末引青龙至门外通水处，复以谷糠末引黄龙至家，名曰‘引钱龙’。”二是房屋、粮仓周围。如清雍正年间山西《沁源县志》载：“二月二日，谚云‘龙抬头’。以灰围宅舍，避百虫。”河南《郑县志》载：二月二日，“取皂（灶）灰围屋如龙蛇状，以招福祥。”清康熙年间山东《巨野县志》载：“二月二日，各家用青灰院中围仓，置麦、稻等物于仓内，以祝丰年。”三是院落门口。河北《肥乡县志》载：“二月二日，以灶灰围门垣，曰‘禁蝎’。”河南《仪封县志》载：二月二日，“灶灰拦门辟灾”。

汲水引龙。清乾隆年间河北《赤城县志》载：“二月二日，各家晨起汲水，谓之‘引龙’。”《怀来县志》载：“二月二日谓之龙抬头，以近惊蛰也。各家晨起汲水，有祓禊之意。”——在一些地方，则忌此晨汲水，如清光绪年间陕西《绥德州志》载：“二月初二……家家晨忌挑水，恐触龙头也。”《中国志·山西篇》载：二月二这天“人们不要去井边、河边打水，也不要在水边弄出大的声响，以免惊动了龙，把好年景给破坏了”。与汲水相关，有些地方此日还忌洗衣，认为洗衣有可能“伤了龙皮”。

击梁驱虫。清康熙年间北京《良乡县志》载：二月二日“五更时，敲房梁避蝎、蛇等毒（虫）。”河北《元氏县志》载：“二月二日，用灰画屋垣，晨以杖击屋梁，禁五毒虫。”

祭祀龙神。河南《永宁县志》载：二月，“初二，祀龙神。”清乾隆年间陕西《府谷县志》载：“二月初二日，俗名‘开庙门’，龙神庙封羊以祭。”这天，居住在东北的满族人家，也要在院中举行祭龙仪式，祈求风调雨顺。云南《易门县志》载：“二月二日，军民备牲醴，官诣大龙泉祭祀宴会演剧。”陕西榆林金鸡滩乡有龙王庙，旧时农历二月初二有公鸡会。好赌者捉公鸡到龙王庙相聚赌斗，雄鸡一唱，罢赌斩鸡，祭祀龙王。

祭祀先祖。相传“二月二”这一天也是轩辕黄帝在陕西省黄陵县沮水河畔降龙峡出生的日子，有“遥远的东方一条龙，龙的祖根在黄陵”之说，于是就有了于此日祭祀黄帝的民俗活动。黄帝祭祀分公祭和民祭两种，清明节一般是公祭，龙头节和重阳节一般是民祭。民祭的仪式有击鼓鸣钟、奏祭乐、献花篮、上香、奠酒、献祭品、恭读祭文、行三鞠躬礼、乐舞告祭等。还有，河北赵县范庄镇二月二的“龙牌会”，祭祀的是先祖勾龙；浙江建德市李村二月二的“抬阁跷”庙会，祭拜的是先祖唐代的军事家李靖和诗人李频等。

嫁女住春。清乾隆年间河南《新郑县志》载：“是日也，谓之‘龙抬头’，女多归宁。”江苏《金陵杂志》载：“二月初二日，相传为‘龙抬头’，有女出阁者，均于是日接取归宁。俗谓之‘二月二，龙抬头，家家接女诉冤仇’。”有的地方则从出嫁女一方命名，称“送二月二”，即新出嫁的女儿带上用青布缝制的，装有百果五谷的囊袋，回娘家看望父母亲邻。

熏虫。两法：一是燃香熏虫。黑龙江《双城县志》载：“二月二日……门窗、炕沿各处熏香，谓可熏虫类使绝。”二是烙饼熏虫。明代刘若愚《明宫史》载："初二日……各家用黍面枣糕，以油煎之，或以面和稀，摊成煎饼，名曰熏虫。"清嘉庆年间山西《长子县志》载："二月二日，用面摊煎饼，熏床及炕，令百虫不生。"烙饼之所以能熏虫，及如何熏虫，史志典籍均无说明，笔者猜测：第一，旧时北方农村，多使用"连锅炕"，即灶台与土炕砌连在一起，烧锅做饭时，柴火燃烧在灶膛，烟气却通过炕洞排到屋外。这样，饭也做了，炕也热了。因此可以说，使用连锅炕本身，就有熏虫的意味。第二，也可能在煎饼、烙饼的时候，从灶膛中取出一些冒烟的柴火来，屋里屋外地绕一绕。

吃龙面龙饼。如大巴山黄官一带，二月初二这天，山民们全家起大早，将居室内外房前屋后打扫得干干净净。然后趁早吃龙须面，面拉得越长越好，意思是龙须绵长，象征吉祥。吃面时，由年长者率先端碗，站在堂屋中间，面向室外天空，念唱一段"二月二龙抬头，风调雨顺好年头；包谷棒子粗又大，高粱谷子舞龙头"之类的吉言歌诀。中午吃龙鳞饼，饼上有村妇们精心制作的"二龙戏珠""龙凤呈祥"等图案花纹。

吃炒豆。可炒之豆有玉米、黄豆、黑豆、面豆等。清道光年间河南《扶沟县志》载："二月二日，食炒豆。"宁夏《平罗纪略》载："二月二日，民家炒锅豆，曰'龙抬头，捉臭虫'。"陕西《临潼县志》载：二月二日，人们"炒豆类等食之，叫'食毒虫'，意谓'吃害虫'。"山东的潍县、莱州等地，将炒豆称作"报捷"，谐音"爆蜇"。

吃猪头。河北《张北县志》载：二月二日，"有食猪头者，谓之'食龙头'。"《吉林新志》载："二月二日为'雨节日'。各家将年末所食肥猪之头、蹄留至是日食之。故有'二月二，龙抬头；天上下雨地下流，家家户户吃猪头'之谚。"赫哲、达斡尔等少数民族也于此日吃猪头肉。

吃糕。清乾隆年间河南《新郑县志》载：二月二日，"士庶多以黍面为糕，香油煎食，亦曰避害虫。"清道光年间江苏《震泽镇志》载："二月二日，家食年糕，谓之'撑腰糕'，云可免腰疼。"另外，"糕"音谐"高"，吃糕，有助人"长高""登高""高升"之意，与"龙抬头"的寓意有相合之处。

上述吃食之外，还有将吃饺子叫"吃龙耳"，将吃葱饼叫"吃龙皮”，将吃小米干饭叫“吃龙子饭”，将吃蒸菜团子，叫“吃龙蛋”的，等等。总之，将此日吃的一切，都尽可能地与龙联系起来。另外，山东海阳等地还讲究用白面或豆面做成小龙，谓之“神虫”，放在粮囤和面缸里，据说这样粮和面便会取之不尽。

剃头理发。河南《偃师县风土志略》载：“二月初二日，谓之‘龙抬头’。此日剃头，谓之‘剃龙头’。”辽宁《辽中县志》载：“二月二日……为童孩剃头，盖取龙抬头之意。”为什么要在此日剃头呢？与流传于许多地方都的“正月不剃头，剃头死舅舅”的俗谚有关。于是大家一个正月都不理发，直到“龙抬头”时才理。认为此日剃头理发，会使人鸿运当头，大吉大利。对儿童而言，有“二月二，龙抬头，家家小孩剃毛头”之谚，认为年年“剃龙头”，长大成人后会出类拔萃。

童子饰龙。黑龙江《安达县志》载：“二月二日……用五色布剪成小圆块，以线穿之，中间以细秫秸作长虫形，戴于小儿衣帽上，名曰‘戴龙尾’。”山东威海、龙口等地，以成串的圆形色布挂在小孩的帽子上，称“小龙尾”。此俗的用意是以龙辟邪，做儿童的保护神。

开笔破蒙。清乾隆年间河北《永平府志》载：“仲月二日，曰‘龙抬头’……士人家塾令童子开笔，取吉兆也。”此俗也称“开笔礼”，是儒家的重要礼仪，标志着幼童正式学习的开始。

禁用针剪。许多地方都有此日禁止妇女做针线活之忌，原因是传说神龙在这一天要抬头观望天下，使用针会刺伤龙的眼睛。清人富察敦崇《燕京岁时记》载：二月二日，“闺中停止针线，恐伤龙目也。”河北《昌黎县志》载：“二月二日……女子停针，恐穿龙头也。”

试犁破土。在山东一些地方，龙头节是年节系列的终止之日，从此停止各种娱乐活动，开始恢复常业。一般农家此日开始试犁。

举办庙会。一些地方会在龙头节这天举办庙会。规模较大者有陕西耀州区的药王山庙会。其会自农历二月二日开始，二月十一日结束，吸引着来自关中数县甚至省外的群众参与。清代光绪年间耀州知府顾曾烜在其所著的《华原风土词》中曾记此会之盛：“曼衍鱼龙百场戏，分棚啸侣各行觞；春人来去纷如织，箫鼓千村拜药王。”同日，陕西洛川、临

龙头节·试犁破土（河北民间年画）

潼也有药王庙会。清代嘉庆年间《洛川县志》载：其时，“男女毕至，踏青选胜。”陕西《临潼县志》载：“本县雨金镇还有二月二药王古会的传统至今不衰，各地药农和药商来此交流，买卖中药材，且有民间文艺助兴，规模壮观。”上述之外，此日还有西安南郊寒窑庙会、山西晋城中庄庙会、四川成都木兰庙会、河南郑州城隍庙会、山东邹城峄山庙会等。这些庙会多少都与龙有关，如药王庙会“孙思邈医龙”的传说，中庄庙会“张公救麒麟”（麒麟属龙族）的传说等。

燃烛照虫。辽宁《西丰县志》载：二月初二，“至夜燃烛于室中，曰‘照虫烛’。”陕西《临潼县志》载：“夜间以烛照屋，民谚说：‘二月二，照屋梁，蝎子毒虫无处藏’。”

龙头节民俗因地域、生态环境的不同而有所区别。如北方多吃面食、豆类及猪头肉，南方多吃粽子、糍粑等米食；北方多祭龙神，南方多祭土地神，等等。

关于龙头节诸多民俗的文化意蕴，可概括出四条：第一，把龙当作水利神、农业神、春之神；第二，把龙当作虫的克星、辟邪神、吉祥神；第三，把龙当作先祖的象征；第四，把人作为龙的化身。

祭龙会

龙头节之外，生活在中华大地上的各民族，还过许多与龙有关的节会。祭祀、敬拜龙神是这些节会的主要内容，故这些节会都可称作“祭龙会”。下面笔者依据《中国民族节日大全》（高占祥主编，知识出版社 1993 年版）、《中华庙会事典》（黎莺编，陕西人民教育出版社 1994 年版）和《中国民俗辞典》（郑传寅、张健主编，湖北辞书出版社 1987 年版）等书提供的资料，按农历时序将这些祭龙节会列出来，并对其类别特征作以简要的介绍和分析。

正月辰日，是云南红河哈尼族的祭龙节。这一天，以村为单位举行郑重的祭祀活动。祭礼由村中德高望重的被称为“龙头”的老人主持，祭坛设在“龙树”下。各家各户自己置办齐猪、鸡、鸭等祭物，由家中男性前往献祭。祭时停产三日，祭后的第一个午日，各户派一个男性自带酒肉去龙头家聚餐，以示谢意。

正月初五，是云南河口大瑶山地区瑶族群众的龙头节。当地群众在这一天用各种供品祭祀龙王。

正月初十、十一前后，是广西宾阳举办炮龙节的日子。期间，宾阳县县城炮火冲天，群龙狂舞，全城狂欢，火爆热闹，通宵达旦。

正月十三至正月十五，湖北武昌有以祈求丰收为主旨的祭龙会，形式有舞龙、烧龙和拔河比赛——以所用的绳子象征龙。烧龙在正月十五举行，只烧龙头和龙尾，其余部分则留下来，明年再用。另外，还有于春节期间，在北京龙潭湖公园举办的龙潭庙会、于白云观举办的白云观庙会，于龙庆峡举办的龙庆峡冰灯会——这些庙会、灯会，多有龙参与，如舞龙、赛龙、龙灯造型等。

正月十四，是福建省宁德市畲族祭祖的日子。畲族重视祖先崇拜，槃瓠是畲族人的图腾信仰。畲族人家家有一根祖杖，祖杖雕刻龙头，这是畲族图腾的主要标志。另外还供奉龙族神物——辟邪（貔貅）。这样的祭祀，每三年举行一次。届时，各村庄彩旗纷飞，鼓乐喧天，热闹之景况，如同过年。

正月、二月之间，有祭龙潭节。这是云南兰坪普米族的传统节日。普米族各家各户都有自己的“龙潭”，地点大多在深山老林峡谷涧畔。届时全家同往，在“龙潭”附近歇宿三日。他们用木棍和木板搭成高台，称作“龙塔”，即“龙宫”。塔前立一个百尺标杆，上挂七个用鸡毛麻线扎成的七角斗架，作为龙神的住处。将牛奶、清酒、酥油、乳饼、茶叶、鸡蛋等祭物摆在龙塔上，先请巫师登坛念经，然后全家祈祷，祷毕，将涂有酥油的50个面偶投入龙潭。各家祭祀后，全村还要举行更隆重的祭祀。

农历二月初二，是河北省赵县范庄镇范庄村举办“龙牌会”的日子。现在的“龙牌”是一个高近3米，底座宽1.5米，重300公斤的木牌。牌面中间竖写“天地三界十方其宰龙之神位”，蓝底金字，左右、上方雕饰金色龙纹，左右两龙口吐水花，昂首翘尾于朵云之中，气势撼人；上方为正面双首龙，形象庄重威严。平时，龙牌供奉于某一个会头家中——会头有19人，每年轮流供奉龙牌，过会的前一天（即二月初一日）上午，由迎龙牌队伍抬着黄幔大轿去请。请、迎龙牌的仪式很隆重，分唱经、祭拜、跪迎、巡游等步骤，要花几个小时才能完成。巡游过程中，众人簇拥围观，热闹而有序。龙牌请至“龙棚”，安放在迎面正中的主神位置，供大家烧香祭拜。龙牌后面悬挂佛教祖师释迦牟尼、道教祖师老子和儒家祖师孔子的画像。之外，周围棚壁上还满挂三皇五帝、四海龙王、历代医圣等各路神仙的画像一百五十多幅。

范庄龙牌会之“龙牌”

范庄人将龙牌称为"龙牌爷"，之所以会有这样的称呼，与远古神人共工之子"勾龙"有关。范庄人世代相传，龙牌是纪念勾龙的，农历二月二日是勾龙的生日。远古时期，人面蛇身的共工氏与颛顼因争地盘而战，共工氏战败，共工氏的儿子勾龙也被迫离开原住之地。他率领部落来到范庄一带，治水造田，培栽谷物，生存下来。可是颛顼时有侵吞之心，一次勾龙部落被颛顼率兵围困，颛顼要勾龙让出首领地位。勾龙为了拯救部落，变成一只白蛾飘然飞去。每年正月一过，范庄一带常有白蛾翩翩飞来，人们便认为是勾龙显圣，为表示对勾尤的崇敬，设龙牌来供奉，视龙牌为勾龙的化身。"这段传说把龙牌、龙神、勾龙、白蛾等同起来，平时都称其为'龙牌爷'。如向供奉白蛾的玻璃箱祝祷时说：'龙牌爷振振龙衣吧！'若是碰巧其中的蛾子翩翩飞舞起来，便视其为吉兆而欢呼雀跃；一家的小房在下雨时倒塌了，睡在里面的人没有被砸着，当发现床下有白蛾时，便认为是'龙牌爷'在保护。在这里，龙有三种表现形式：一为龙牌上的龙之神，即一般意义上的龙图腾；二为勾龙，其父共工人面蛇身，勾龙自然也是龙族的首领，勾龙是人的神化——龙的化身，也是龙的人化；三是白蛾，蛾为昆虫的成虫，是虫的生命的高级形式。而龙为'百虫之长'……勾龙化蛾的传说使龙实物化、鲜活化，让人们把崇敬虚幻的龙的感情移到崇敬实实在在的白蛾上。敬蛾的实质仍是敬龙。"[24]

龙牌会期间，除迎、祭、送龙牌外，还有背灯挎鼓、高跷、跑驴、武术杂要等丰富多彩的文娱演出及经贸交流活动，会期于二月四日结束。

农历二月初二，云南施甸县布朗族要过祭龙潭节。节前，由村中长老或巫师在村寨附近的山中选择一个水潭作为"龙潭"，以潭近处的一棵高大的栗树作为"龙神"。祭祀时，全寨老幼聚集于龙潭边，向潭里的"龙王"和潭边的"龙树"敬献饭菜水果等祭品。乐手们要吹起唢呐、芦笙，以唤醒龙王。乐曲声中，众人围绕龙潭走三圈。然后举行仪式，巫师口念祷词，祈求龙王吐水，赐予风调雨顺，并佑护全寨人畜平安。

青海互助县土族也于二月初二举办龙王庙会。人们将龙王牌位置于会场中央，由七八个身披袈裟的法师表演"跳神舞"——在焚香、燃烛、烧纸钱之后，一边击打羊皮鼓，一边念经，一边手舞足蹈。人们祈求龙王驱邪恶，降甘霖，保丰收。仪式结束后，便是互通有无、有卖有买的物资交流活动了。

同日，还是云南红河南岸哀牢山哈尼族的祭龙节。届时，哈尼人要选出两位英俊的小伙子扮成姑娘，由“龙头”带领，在众人的簇拥下，周游村寨。相传举办此节的目的主要是为了纪念为民除害的英雄日则和努戛。

农历二月初三，是云南屏边、砚山等县苗族过祭龙节的日子，届时要举行祭龙仪式，以求风调雨顺，农业丰收。麻栗坡县的苗族祭龙要进行三天，从初一至初三，以村寨为单位，到水源之地祭祀。

云南省墨江县布朗族的祭龙活动，于每年农历二月举行（每三年一次）。祭场设在寨边“龙树”（一棵大栗树）下，巫师主祭并致祷词，祈求龙神保佑本寨人畜平安、兴旺，雨水依时，五谷丰登。

壮族的祭龙节于每年农历二月（或三月）举行。届时，村民聚集在寨中龙树下祭祀。龙树一般为高大挺拔、枝叶繁茂的榕树、麻栗树、黑皮树和橄榄树。也有在水潭边祭龙的情况。祭龙所需的猪、鸡等动物和香烛等物品，一般由村中两户或数户人家轮流负担。壮民相信，杀猪祭龙可使人畜平安。

云南景洪基诺族有祭大龙的节日，于每年春耕播种之前举行。届时全寨停产三天，立两个木桩于村寨门口，表示禁止出入。第一天妇女非但不能出寨门，连家门都不能出。村寨边搭一临时草棚，草棚前有大树，树下宰水牛一头，水塘边杀母猪一头，小猪七头，将牛尾巴挂在大树上，猪骨头供在水塘边。十三天后，人们还要再举行一次祭龙仪式，谓之“祭小龙”。届时，禁寨、停工一天。据说此日若下地干活，就会冒犯龙神，影响庄稼生长，甚至招来雹灾。

浙江梅城北有乌龙山，山下有乌龙庙。庙中的“乌龙老爷”是个白面书生。相传他姓邵，淳安人氏，因被县官逼死，便常常显灵惩罚贪官。每年农历三月初三，这里都要举办庙会，以演戏、献祭的方式酬谢敢于“反腐败”的乌龙老爷，并祈求风调雨顺。此日还是一些瑶族居住区的祭龙日。祭龙的同时，也祭盘古、玉皇、神农、谷魂、谷娘等。祭祀时要宰猪献供，猪由全寨人出钱购买，祭毕由全寨人分而食之。妇女不参加祭祀仪式，由男人们给她们带回一些祭品分享。

三月初三还是云南武定县彝族举办白龙会的日子。白龙会祭祀的是水神，从而也是农业之神的白龙。祭祀由有威望的长者主持，一般在水井边举行——当地彝人认为，水井是白龙藏身之处。届时，人们要杀猪作牲，献祭龙神，以求福佑。

从谷雨这一天算起，湘西一带的苗族群众便开始过自己的传统节日看龙场。谷雨后的第一个辰日为“看头龙”；过十二天，第二个辰日再看一次，称作“看二龙”；第三个辰日看最后一次，称作“看末龙”。逢到看龙日，男女老少都要停工一天，积极参加祭祀等活动，谁在这天干农活，谁就犯忌。

在山东沿海渔村，谷雨这一天，家家户户香烟缭绕，爆竹升天。渔民们都要身穿节日盛装，去船长家坐炕头，或者去渔港码头、沙滩海边聚会。由船长领头，举杯祭祀海龙王，然后大块吃肉，大碗喝酒。在渔汛到来之前，渔民们还要凑钱置办一头猪，抬到龙王庙前宰杀，用全猪献祭龙王，祈祷挂网顺利，海事安全。

农历三月十五日是云南丽江纳西族的龙王庙起会日，会期五至七天。此会也称“黑龙潭会”“三月会”。黑龙潭位于丽江城北象山脚下，潭边建有龙神祠，祭龙仪式便在这里举行。届时，当地群众纷纷赴会，交流生产生活资料，观看和参与娱乐活动。同日，上海龙华镇有龙华寺庙会。

农历三月十六日是云南丘北县苗族群众祭龙神以祈求风调雨顺的日子。通常以生长在村寨中的最大的古树为龙神的化身，称其作“龙树”，进行祭祀。

农历三月十八日是青海互助土族自治县丹麻乡索布沟的龙王庙会。而南方江浙一带农历，三月十八日则要为白龙过生日。白龙生日源于一个传说：相传东晋隆安年间，吴越之地有一位缪氏女生下一条白龙，“事甚神异”，当地乡民就在龙湫山和吴之阳山上建起了龙母庙。据说每年的农历三月十八日，白龙都要回来看望母亲。因此，这之前的成十天，天气肃寒，“四山烟雨，乍晴复合”。到了白龙降生的时辰，“龙必见形，或长身寻丈，隐显于众山之上，或小于蜥蜴，依于庙貌”。于是，“暴风雷雨，澍沟号木”，以示灵验。在常州、岳阳一带，白龙生日是农历五月十三日，有“白龙瞟娘，必主雷雨”和“是日雨，则岁丰”之说。

云南德昂族的祭龙王也在三月份，节期一天，具体日子由佛寺中的“佛爷”和族中头人商定。届时，全村人前往清水池，由佛爷燃烛、念经，将画有龙纹的纸放到水面上，众人随之叩拜、杀猪杀鸡献祭。德昂族群众相信，祭祀龙王后，龙王就会做及时行雨的好事，而不会做发洪施旱的坏事。

清明节一般在农历的三月初。清明节放风筝，是人们喜爱的民俗活动，尤以山东潍坊、临沂等地为盛。届时，一些地方会举办风筝节、风筝会。在这些节会上，最长的，也是最引人注目风筝是龙形风筝。

龙形风筝（陈晓晖 绘）

农历四月份，有山西大同城西以祭祀“护法龙王”为主要内容的雷音寺庙会。届时，人们先在寺中将护法龙王拜谒一番，然后将其抬到阳合坡，洒以“活水”，再行祈祷。

同月，立夏前后，瑶族要过分龙节。届时，瑶族群众要祭祀天龙皇，祈求天龙皇降雨消旱，润田保苗。立夏日当天，也是纳西族祭龙的日子。纳西人传说，远古时期人与龙是两兄弟，龙管水，人只有每年祭龙，才能风调雨顺，庄稼丰收。

农历四月十五日，山西临汾市姑射山上有康泽王庙会。相传西晋永嘉年间，某村一位老婆婆拾巨卵回家养育，得男儿名橛。后刘渊征民夫筑城，八岁的橛儿应募，一夜城好，刘渊妒其才，欲加害。农历四月十五日追至姑射山麓，橛儿显龙形钻向山脚石缝。刘渊拔剑斩之，截断龙尾，一股泉水喷涌而出，即为“龙子泉”。此泉流量很大，使方圆大片土地受益。于是，橛儿便被封为“康泽王”，泉侧建庙，亦名“龙子祠”，庙会延续至今。

四月十五日这天，还是云南中甸一带藏民同胞的祭龙王节。祭礼一般在山脚草地举行，并有丰富多彩的歌舞、体育活动。

农历五月初一，是湖南怀化麻阳苗族自治县的苗民举行“盘瓠祭”的日子。届时，要高唱《接龙歌》：“五月初一开神门，敞开神门迎祖神……”要在鼓乐、鞭炮声中，请出盘瓠神像和两条龙船，由一百名小伙子分乘，沿江缓缓而下，说是让盘瓠大王欣赏两岸苗乡的秀丽风光。

五月端午节前后，湖北、湖南、江苏、广东、广西、浙江、贵州、云南、四川、陕西、香港、澳门等地均有龙船赛会，即龙舟竞渡，有的地方称龙船节、龙舟节或龙舟会等。龙舟下水前，一般都要举行祭龙仪式。

在云南华宁县苗族居住区，则于五月五日举行“祭干龙”活动。“干龙”是经过挑选的一棵枝叶茂盛的大树。是日，要在“干龙”下宰杀羊只作为祭礼。然后所有参加者都向“干龙”叩拜，祈求龙神保佑人间太平，不下冰雹伤害庄稼、牲畜和房屋。同日，还是贵州独山县布依族“赶祭”龙王的日子。据说该县王龙村有一口龙王井，常饮此井水能除百病。于是，人们纷纷携带香烛纸钱来祀敬龙神，并且取水沐浴，以求康寿，遂形成赶祭习俗。

五月中旬，畲族要过分龙节。一般定在夏至后的第一个辰日。畲人相传，每年这天是玉皇大帝召集各路龙公开会以划定地界的日子，目的是使龙公们明确各自的职责，不要误了行雨的日期。

农历六月六日为晒龙袍日。民间有“赛龙袍日兆”的俗信。这一天，家家户户都要出晒衣服，认为如此即可免遭霉渍和鼠啮。此日多为晴天，若遇雨，主秋季雨多成灾，有“湿了龙袍，淋破蓑衣”的民谚。

在鄂西土家族聚住区，六月初六则是传统的晒龙袍节。相传这一天是土司王覃厚遇难血染龙袍之日。因此，家家都要在这天翻箱倒柜，将所有的新衣服好衣服拿出来曝晒，并以村为单位，杀牛一头，以示纪念。

农历六月初十到六月十六,四川松潘岷山南麓丛林中有黄龙寺庙会。相传大禹治水曾到达这里，有黄龙为其负舟导江，后人因之立庙祭祀。此庙会吸引了方圆几百公里的藏、回、羌、汉各族群众，有对歌比赛、跳锅庄舞等活动。

青海同仁县藏族于每年的农历六月二十日至六月二十五日举办龙舞节。届时，人们身着节日服装，聚集于打麦场上，人接人组成百人长龙，在锣鼓声的伴奏下跳龙舞，孩子们则攀爬龙树。对一些善男信女而言，则免不了要朝天跪拜，焚香烧纸，祈祷龙神保佑风调雨顺，稼禾丰成，人畜平安。

六月二十三日，河北省邯郸市神麇山北麓有黑龙庙会。相传某年此日，一青年将其病重的老母背至旷野致死而弃尸，此时晴空一声霹雳，云中出现一条黑龙，抓走了杀母的孽子。人们为了纪念黑龙，倡扬尊老美德，便在当地的黑龙洞上修庙塑像，办会祭奠。同日，还是贵州布依族群众过白龙会的起始日，会期三天，期间忌推磨、舂米、动土。大家涌向街头，观看小伙子们的舞龙表演，至夜方休。

傣族的祭龙节于农历六月择日举行，以祈求风调雨顺、生活幸福为目的。节日之前要封锁路口，杜绝外人入寨。届时，要宰杀牛、猪、鸡以为祭品，所需费用由全寨人共同负担。参祭者自带米饭，仪式结束后聚餐一顿。

农历七月十五日是湘西同县境内苗族群众踩芦笙堂会的日子。相传某年夏天，久旱无雨，天帝体察苗民心情，派一条青龙前来降雨。不料寨主见青龙口含宝珠，起了歹心，搭箭射伤青龙，宝珠掉落于杂草丛中。百姓们翻山越岭，仔细找寻，终于在七月十五日这天将宝珠找到，还给了青龙。从此，苗乡不再干旱。为了纪念这件事，苗家人定于此日举行踩芦笙堂会。

农历七月十七日是江苏无锡鸿山的龙娘庙会会期。龙娘的故事和前面介绍过的“白龙生日”属于同一类型。龙娘原是附近村子里的一个童养媳，某天上山打柴累倒在一棵大松树下，因树上的水珠滴入口中而孕。半年后即农历七月十七日雷雨之夜，于山洞中生下小白龙一条。不久，龙娘病逝，死前叮嘱小白龙生日这天别忘了回来看望娘亲。于是，每年的这一天，鸿山一带都天晦云聚，风雨潇潇，人们相信这是龙子如约归来，就在山上修了龙娘庙，并立会祀祭。

农历七月二十日是云南河口大瑶山地区瑶族同胞的龙母上天节。此日，当地群众以各种方式祭祀龙神，并送龙母升天。龙母升天后的一个月，即农历八月二十日，是龙公上天节。当地群众照例要祭祀龙神，并送龙公升天。据说龙母龙公升了天，就能保佑民间风调雨顺，稻禾丰收。

云南西双版纳布朗族的祭龙节也在农历七月举行，为期七天，具体日期不定。仪式由被称作“佛爷”的宗教人员和祭司主持。第一天是主祭日，禁止外人进入本寨，也忌讳本寨人外出背水、干活和高声说话，据说若违犯这些禁忌，就会招致害虫吃庄稼。祭祀前要宰猪杀鸡，以为祭品。

农历八月初一，江苏武进市有白龙庙会。其传说也属于“白龙生日”类型：某女河边洗衣时吃了漂来的桃子而孕，家父责怪其与人私通辱没门风，女遂含冤到附近登仙观跳井。在井中生下两条小白龙。此后，每年农历八月初一，白龙娘娘都要回故乡探亲，也必有一场好雨相伴。届时，附近乡民多上会参祭白龙娘娘。

农历八月初八是昆明地区白族的祭白龙节。届时，各村都要到村外山坡上祭祀白龙王，杀一头肥大的白羊作为祭品。当地群众相信，白龙王掌管着雨雪冰雹，如果不高兴，就用冰雹惩罚人们；只有定期祭祀，让白龙高兴，才能风调雨顺。

八月十五中秋节，安徽省境内和香港铜锣湾大坑地区有龙灯会。龙用稻草或珍珠草扎成，全身满插长寿香，因而被称作火龙。

农历九月十月是丰收的季节。湘西苗族常常在这个时候过一种古老而隆重的节日——接龙。接龙有一家和一寨之分，有摆龙粑、引龙、迎龙、接龙、安龙、散龙粑、唱龙歌等仪式，往往全寨出动，盛况空前。

苗族接龙（湖南湘西）

进入农历腊月，云南元阳县哀牢山一带的哈尼族人要在第一个牛日举行为期两天的祭龙会。相传，很早以前有一位名叫普玛的青年猎手，只身为民除害，打死许多猛兽。由于普玛是龙托生的，死后就变成了一棵“龙树”。因此，祭龙会就要在一棵百年老树——龙树下举行。届时，要选村中最完整最干净的人作“龙头”，要宰杀、分食无杂色毛的“龙猪”，要摆由一百多张桌子组成的“长龙宴”，龙头要率全村人举杯请龙，并为来年祈福。席间，还要唱哈巴，跳名为“乐作”和“贺新生”的舞蹈。末了，还要由龙头敲鼓，绕席至龙树下，众人合掌，送龙归位。

上述之外，还有一些时间不确定的祭龙会。这样的会多在天旱时举行，目的主要是祈雨。如——

北京顺义区的祈雨庙会：由来自各村的男性村民组成浩浩荡荡的祈雨队伍，鼓手敲着鼓走在最前面，龙王塑像由壮汉扛着随其后，再后就是手拿“风调雨顺”“闻笛即雨”等条幅的大队人马。到达村外的黑龙潭后，将龙王塑像供在那里，烧香进表，叩头作揖，许愿说若降雨便于秋后献演一场戏作为酬谢。

河北昌黎县侯家营庄祈雨庙会：由村中男人组成祈雨队，大家都要头戴柳条帽，赤双脚。先到龙王庙烧香叩拜，然后将龙王像请出，放在笼中，抬着巡游于附近的村庄。届时，各村各户门前都要点香烛，备水瓮，水瓮上插柳枝，贴黄纸，写“九江八河五湖四海龙王之位”。巡游队伍来到时，家家都将瓮中水舀出，洒向祈雨的人们。巡游中若看到水井，大家都要跪下祭拜一番，并呼喊：“龙王爷，下雨吧！下雨吧！”巡游完毕，回到龙王庙，将龙王像归位，然后彻夜祈祷。

陕西关中地区旧时的祈雨会：选吉日佳时设下龙王神位，烧香磕头后，请男巫（或村中有威望之人）“顶神”“发祃角”。男巫赤身光膀，口中念念有词，“神”下凡，即“祃角”附身后，男巫便眼发直、身发抖，大叫“某某龙王在此！”男巫还常常手垫黄表纸抓起烧红的铁铧，或将钢钎从左腮穿到右腮，以证明自己已具有神力。继而，人们将男巫抬起来，呼叫着穿村过寨，浩浩荡荡地奔向山间龙潭。祭奠一番后，围潭呼唱：“龙王爷，菩萨心；舍下水，救黎民……”随后，用瓷罐取水，抱回村中，供在龙王神位前，直到天雨落地。

上述三例之外，一些地方还流行盗龙王、晒龙王、还龙王等习俗。

对上述民俗，我们可以从祭祀的对象和目的、祭祀的方式和内容以及祭祀物品三个方面进行梳理和总结。

祭祀的对象统称“龙”或“龙神”，具体有：龙（白龙、黑龙、青龙、黄龙），龙王（海龙王、江龙王、河龙王、潭龙王、井龙王、山龙王、村龙王），龙母（龙娘）；龙树（古老高大的栗树、榕树、橄榄树等，多以该树为龙神象征，也有说该树为英雄人物所变），龙牌（象征先祖勾龙），龙杖（象征先祖盘瓠），天龙皇，干龙，等等。

祭祀的目的，祈风调雨顺可排在首位，其次为祈幸福康乐、求平安顺利（海滨地区以此为首要）等，个别地方是为了纪念为民除害的英雄人物。

凤凰节

可归入“凤凰节”的有云南大理的“朝凤节”、云南鹤庆的“祭鸟节”和广西兴业的“金凤凰节”等。

关于朝凤节，有一则传说——

很久以前，有一只飞往南方的凤凰，飞了十万八千里，都没有找到满意的栖身之所。当凤凰飞到无量山上空，眼睛一亮，前面山峰层峦叠嶂，古树参天，是一块十分难得的风水宝地。于是，凤凰落足山顶，抬眼看到一棵美丽动人的“仙草”，便从此在这里休养生息，不再远走高飞。

这一消息传到兽中之王——老虎耳里，老虎便上山与凤凰争夺仙草，并爆发了“虎凤之争”。兽中王和鸟中王针锋相对，奋力厮杀，互不相让，连斗了三天三夜，共五百个回合。凤凰利用空中优势越战越勇，把老虎啄得遍体鳞伤，老虎只好灰溜溜地离开，凤凰终于夺得了仙草。为了今后友好相处，凤凰从自己身上拔下两根羽毛，赠给老虎以遮挡身上的伤痕，老虎愉快地接受了馈赠，并退居到无量山林深处，凤凰则在此长期定居下来。

据说凤凰占据山头之后，百鸟为了庆祝凤凰大王的壮举，纷纷前来朝贺，并把每年立秋至立冬这段时间定为“朝凤节”。每逢朝凤节，百鸟就会从四面八方飞来祝贺大王。彝族先辈们目睹过百鸟朝凤的壮观场景，便把无量山中的一座“草王山”更名为“凤凰山”。

由于凤凰大王的明智之举，凤凰山后来成了飞禽走兽的共同乐园。当地的彝族村民把此地作为风水宝地，据此为荣，并把当地的村名分别命名为凤凰、凤岭、龙凤、凤仙等。[25]

传说中提到的凤凰山位于云南大理南涧县碧溪、拥翠、公郎三乡镇交界的地方，最高海拔 2347 米。此山属于候鸟迁徙的通道，“每年中秋时节至农历十月下旬，成千上万的各类候鸟结对相聚于凤凰山，它们白天跟着太阳行，晚上绕着月亮转。在漆黑的夜间，它们在空中盘旋，互相碰撞，发出响彻云霄的鸟鸣声，形成‘鸟潮’，壮美奇观。经国内外鸟类专家到南涧进行实地考察和鸟类环志后认为，凤凰山是我国各类候鸟迁徙最早的要地之一，此地鸟类繁多，品种齐全，稀鸟荟萃，举世罕见。”

百鸟朝凤（民间吉祥图案）

如此看来，所谓朝凤节，其实是人们对一种自然现象的命名，是鸟儿们的“节日”。然而，既然用“朝凤节”称之，就表明了当地群众对这种自然现象的了解和重视，也说明了人们对凤凰的认识和欣赏，同时也显示着人们追求与大自然相和谐的美好意愿。

与凤相关的，还有云南省鹤庆县西山区的白族和彝族群众每年清明和冬至时举办的“祭鸟节”。相传古时黄郁坪村有个白族妇女，生养了三十六个儿女。她把十二个女儿分别嫁给了西山区十二个部落首领。母亲担心女儿们不好好下地劳动，就轮流派二十四个儿子中的一个每隔半月前去催促她们。后来，二十四个儿子变成了二十四只候鸟，轮流飞向各地，提醒、呼唤人们烧荒、翻地、插秧、除草、浇水、施肥、收割，人们按照鸟儿们的鸣叫，做着相应的农事，于是年年获得丰收。当地的人们感激鸟、喜爱鸟、崇敬鸟，便在清明前后鸟儿们来黄郁坪村求偶、繁殖时，和冬至前后百鸟南迁至此时，纷纷赶来林中饲鸟，天长日久，演化成过祭鸟节的习俗。

祭鸟节这天，白、彝两族群众身穿节日盛装，带着专门为鸟儿们准备的包谷花、荞籽花、松子仁、橡子果、萝卜丝、洋芋沫和各种昆虫来到黄郁坪村。仪式由一位老歌手主持。他从背包里抓一把鸟食撒向天空，随之唱起西山特有的民歌《哈植咿》。其他人跟在老歌手后面，边唱边舞，同时抛撒各种鸟食至林间草丛。鸟儿们见状，纷纷飞落啄食，呈现出人鸟和谐的美好画面。[26]

这里，可以有三个认识——

第一，凤是众鸟的容合，它不但来自众鸟，是众鸟的领袖和代表，也可以化身为众鸟，即以众鸟的面目出现，故祭鸟节也可称为敬凤节、凤凰节。

第二，云南省境内的白族、彝族群众对凤、对鸟的喜爱和尊重，尽管有自发、朴素的特点，却是健康、正确的生态观的反映，值得肯定、赞赏和弘扬。相反，一些地方的一些人，利用鸟类迁徙、聚会之机，燃火、张网，捕捉、贩卖、杀食鸟类，当属于“恶俗”，需要批评、制止，性质恶劣的应以法律手段惩处。

第三，与龙相比，凤的节会相对稀少，且未引起全社会、全民族的重视，故笔者建议并呼吁：将云南鹤庆的祭鸟节升格为全国性的“敬凤节”或“凤凰节”，借此树立正确的生态观念，增强环境保护意识。

值得提到的，还有广西兴业县于2006年11月2日至4日举办的“金凤凰文化节”。据说，兴业素有“凤凰南飞，播下良种，众生得以拯救”的神话。也许是凤凰赐福，兴业的“三黄鸡”全国有名，年产六千万羽。此次金凤凰文化节即以“凤凰魅力，和谐兴业”为主题，采取“政府搭台，能人唱戏，文化引领，财富聚集”的形式，通过“百品展销、百种选优、百商签约、百艺演出、百团入兴、百凤朝阳”等六大板块，展示形象，招商引资。

此节是借凤凰之名，行繁荣经济之实。因有“三黄鸡”产业做支撑，而鸡是凤凰排在首位的容合对象，故称“金凤凰文化节”也算切题。

另外，借凤凰美名的，还有“金凤凰北京密云农耕文化节”“金凤凰钻石文化节”“金凤凰珠宝节”等。

第六章 龙凤婚恋民俗

为什么在中国人的爱恋婚配民俗中，要以龙比男、以凤比女？为什么将男女结合称为“龙凤缘”“龙凤配”？为什么将男女携手、夫妻共进称“龙飞凤舞”“龙凤呈祥”？本章我们就讨论一下这几个问题。

龙凤同源

作为源远流长、蕴含丰富的文化现象，龙和凤都是中华民族的广义图腾、精神象征、文化标志和情感纽带。如果将中华民族的传统文化符号按其功能效应的大小排个座次的话，龙无疑是要坐第一把交椅的，那么，第二位就该是凤了。

笔者说过，龙是中国古人对蛇、鳄、蜥、鱼、鲵、猪、鹿、熊、牛、马等动物，和雷电、云、雷电、龙卷等自然天象经过多元容合而发明、展现的一种神物，具有喜水、通天、善变、显灵、征瑞、示威、比帝等神性。爬行动物和哺乳动物是龙的主要容合对象，因此，龙常常被称为“鳞族之长”“众兽之君”。凤是中国古人对鸡、鹰、燕、乌、鹤、孔雀、鸵鸟等禽鸟，某些游走动物，和太阳、风等自然现象经过多元容合而发明、展现的一种神物，具有向阳、达天、自新、秉德、兆瑞、崇高、好洁、示美、成王等神性。长羽毛和翅膀的禽鸟是凤的主要容合对象，因此，凤便登上了“羽族之长”的宝座，有“百鸟之王”之称。

目前发现的最早的"龙纹"，出土于辽宁阜新查海文化遗址，断代在公元前 6000 年左右；最早的"凤纹"出土于湖南洪江高庙文化遗址，断代约公元前 5800 年；最早的"龙凤纹"出土于陕西宝鸡北首岭仰韶文化遗址，断代约在公元前 5000 年。这几件珍贵文物足以说明：龙和凤都起源于新石器时代早期，而且差不多是同步的。

陕西宝鸡北首岭遗址出土的
龙凤纹蒜头壶（仰韶文化）

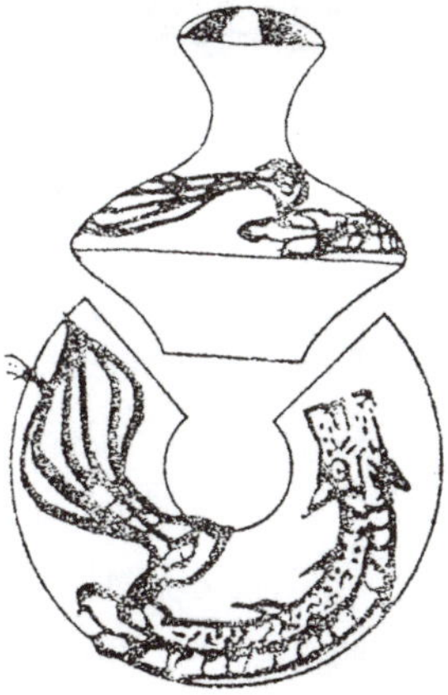

陕西宝鸡北首岭遗址
蒜头壶龙凤纹展开图（仰韶文化）

出土于宝鸡北首岭的龙凤纹，有人认为应称作"鱼鸟纹"或"鸟鱼纹"，理由是图纹简约、粗糙，"龙"还不是成熟的"龙"，像鱼；"凤"也不是成熟的"凤"，像"鸟"。而在笔者看来，完全可称其为"龙凤纹"。其理由，一是鱼是龙的容合对象，鸟是凤的容合对象，在持原始模糊思维的先民看来，容合对象和容合结果是不清晰的，是可以互换的。二是其鱼，已是抽象，即"神化"了的鱼，而非现实中的鱼；其鸟，也是抽象，即"神化"了的鸟，而非现实中的鸟。在中国古代，对鳞类动物的任何神化，都和龙的容合过程相一致；同样，对羽类动物的任何神化，也都和凤的容合过程相一致。三是龙和凤的容合是一个漫长的过程，让初始的图纹就"成熟"，是不可能的。

北首岭龙凤纹，其"龙"，方头，大腮，长身，盘作半圆状，身上

鸟龙纹彩陶盆（仰韶文化）

有鳞；其“凤”，冠绶，尖喙，长目，作叼啄龙尾状，身上有羽。统观整个图案，起码可以得到五点认识：第一，龙和凤是不同的，一个代表鳞族水物，一个代表羽族飞鸟；第二，龙和凤是对应的；第三，龙凤之间是存在争斗的，凤似在追啄龙，龙似在甩躲凤；第四，龙和凤是互补的，尽管一个在啄另一个，却和谐共处于一个画面；第五，龙和凤是可以沟通的，凤嘴与龙尾相接，尽管采取了“啄”的方式。

从民间征集、收藏，被专家确认的仰韶文化“鸟龙纹彩陶盆”，其“鸟龙”，在笔者看来，是可称为“凤头龙身”纹的——若此认识成立，此纹就是目前发现的最早的“龙凤同体”纹了。该彩陶盆属于仰韶文化庙底沟期，断代在公元前 3900 年至公元前 2780 年。[27–28]

鸟龙纹彩陶盆纹饰展开图（仰韶文化）

陕西宝鸡北首岭龙凤纹属于仰韶文化早期，鸟龙纹彩陶盆属于仰韶文化中期。之后，辽宁文物考古所郑重向外界宣布：玉龙与玉凤同现于红山文化。20 世纪 80 年代，“玉雕龙”从辽西牛河梁遗址的积石冢出土，引起轰动；21 世纪初，“玉雕凤”又从该遗址的第十六地点四号墓面世。“龙与凤同时作为祭祀或是身份象征出现在史前文化遗址中，这标志着牛河梁是龙凤文化的起源地。”[29]

红山文化属于新石器时代中期文化，断代在公元前 3000 年左右，龙与凤同址出现，且都以相当精致的样式，与身份高贵的墓主人同处一穴，这至少可以说明：其时的龙和凤均为人们所喜爱、所珍重的神奇之物，龙凤崇拜已同步发展到一定的高度，且已形成相互配合、携手共荣、同臻美满的格局。当然需要指出的是，牛河梁只是龙凤文化起源地之一，而非唯一。

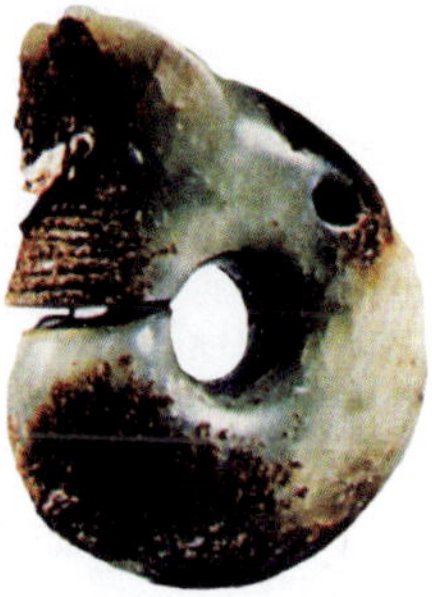

辽西牛河梁遗址的积石冢出土的玉雕龙（红山文化）

辽西牛河梁遗址的积石冢出土的玉雕凤（红山文化）

龙山文化属于新石器时代晚期文化，断代在公元前 2800 年到公元前 2000 年，这个时期也有龙凤同穴的情况。湖南澧县孙家岗遗址十四号龙山文化（一说为“石家河文化”）墓葬曾有“龙形玉佩”和“凤形玉佩”一并出土。两件玉佩均为乳白色高岭玉镂孔透雕。龙头部有高耸的角饰，躯体盘曲；凤头饰羽冠，长喙曲颈，卷尾展翅作欲飞状。玉佩

湖南澧县孙家岗遗址出土的龙形玉佩（龙山文化）

湖南澧县孙家岗遗址出土的凤形玉佩（龙山文化）

为古代贵族随身所佩带，具有装饰和标示身份的作用。龙凤同佩，想必身份更为高贵。

龙山文化晚期同夏（约公元前 2100 年至约公元前 1600 年）的前期重合。这样，尽管还没有属于夏朝的龙凤同穴的文物发现，我们仍可认为其对应、配合、互补的状况并没有中断。到了商代（约公元前 1600 年至公元前 1100 年），龙凤同穴的情形似乎已成时尚，河南安阳殷墟妇好墓就既出土墨绿色的造型别致的“玉龙”，又出土有黄褐色的特别漂亮的“玉凤”，还出土有“龙凤同体”的“凤负龙玉雕”和“凤顶龙玉饰”。而收藏于山东省泰安市博物馆的属于商代的青黄色的“龙凤冠人形玉佩”，则让我们第一次看到了“龙凤人同体”的图案：龙凤冠戴在一个身穿束腰连衣裙的人物头上，冠上的龙头下曲，居右；冠上的凤头翘扬，居左；龙身凤体合然为一。这样的造型，给人的感觉，就不仅是龙凤对应、配合、互补了，而是龙凤在人的头顶上（可理解为人对龙凤的“崇拜”）相交、融合，是你中有我，我中有你的“合一”或“同一”了。

河南安阳殷墟妇好墓出土的玉雕龙（商）

河南安阳殷墟妇好墓
出土的玉凤（商）

河南安阳殷墟妇好墓
出土的凤负龙玉雕（商）

河南安阳殷墟妇好墓
出土的凤顶龙玉饰（商）

山东泰安市博物馆藏
龙凤冠人形玉佩（商）

龙凤配合

龙凤配合、交融的状况到春秋战国时期发展到一个高峰。

湖南长沙陈家大山楚墓出土的龙凤人物帛画（战国）

湖南长沙陈家大山楚墓出土的“龙凤人物帛画”，就是一幅“龙凤配合图”。画面上的龙，竖身卷尾，头脸朝天，肢爪划动，跃跃欲上。旁边是与它相对应的凤，昂首展翅，飒然飞举。龙凤之下，站着一位双手合掌、祈求升天的裙服女子。显然，龙和凤在这里是协同合作的关系，共同承担着导引人们脱离俗尘、升达天堂的重任。

龙凤交融，常常是通过交缠、纠结、合体实现的。

河北省平山县中山国墓葬出土了一件“四龙四凤方案器座”。木质案面已朽损不存，案座为四龙四凤缠绕盘结，四条卧鹿为案足，分列底盘四周沿下。龙为双身三尾，尾梢反挂龙角；龙肩生出双翼，龙翼彼此连接。凤头凤爪从龙尾的连环中探出。龙的鳞片和凤的羽毛清晰可辨。湖北省江陵马山一号楚墓曾出土一批丝织品，上面的刺绣纹样都是绚丽秀美的龙和凤，有“蟠龙飞凤纹”“舞凤逐龙纹”“舞凤飞龙纹”“龙凤相蟠纹”，等等。这些纹样上的龙和凤，或翩翩对舞，或逗嬉成趣，或交缠纠结，或连身合体。

那么，龙和凤为什么会相互对应、配合、补充，以至于融合呢？

这得从龙凤各自不同的取材对象来分析。龙的取材对象，主要是蛇、鳄、蜥、鱼、鲵等动物，以及云、雷电、虹霓、龙卷等天象，其

河北省平山县中山国墓葬
出土的四龙四凤方案器座（战国）

湖北江陵马山一号楚墓出土的
二龙一凤相蟠纹（战国）

动物多为喜欢阴凉、潮湿，且善于隐藏的“水物”“水兽”；其天象也是和阴雨有关之象，这就导致了龙在其形成的初期，基本上是属“阴”的。凤的取材对象主要是鸡、燕、乌、鹰、孔雀等禽鸟，而禽鸟绝大多数都是喜欢温暖，喜爱阳光的，有“阳鸟”“阳禽”“火精”之说。这样，从新石器时代到盛行阴阳五行学说的春秋战国时期，龙主要是以“阴物”的形象出现，凤主要是以“阳物”的面貌出现。

从北首岭红山文化“龙凤纹”，到商代的“龙凤同体”，再到战国时的“龙凤交融”，说明中国先民对阴阳的认识早在公元前 5000 年前就已产生，发展到战国时期已经相当丰富且走向成熟。龙和凤的对应、争斗、沟通、和谐、配合、交融，正是古人阴阳观念（相克相生、对立统一、彼此消长，依存共处，互补转化）的形象化或意象化。据此，我们可以说，北首岭“龙凤纹”是中国目前发现最早的“阴阳图”。而后世出现的“阴阳太极图”，似也可以看作抽象化了的“龙凤纹”：鱼形化自“龙身”，头眼来自“凤目”。

龙帝凤妃

说到阴阳，龙凤都各有两个系统，一个是自洽系统，一个是“做对应”的系统。自洽系统是指有阳有阴、有雄有雌的，所谓雄龙（阳）、雌龙（阴）、凤为雄（阳），凰为雌（阴）。一旦作为对应的系统出现，就发生了一个转化，即龙由整体上呈阴转化为呈阳，凤由整体上呈阳转化为整体上呈阴。这个转化，大约是从秦汉开始的。

秦汉以降，龙的身上开始具有象征君主帝王的神性——其原因是，经过几千年的吸纳、综合、演进，到此时，龙的容合过程已初步完成，龙身上所具备的通天、善变、显灵、征瑞、示威等神性已经强大且彰显，这些神性和“帝王性”多有吻合之处（比如龙可以“通天”，帝王们也认为自己“受命于天”），龙遂被帝王们看中，拿来做了自己比附、象征的对象。于是，秦始皇被称作“祖龙”(《史记·秦始皇本纪》)。“祖”有“始”的意思，“祖龙”，即“初始的龙”“第一个龙”。汉高祖为了实现君临天下的理想，编了一个自己是“真龙天子”的神话：“其先，刘媪尝息大泽之陂，梦与神通。是时雷电晦冥，太公往视，则见蛟龙于其上。已而有身，遂产高祖。”(《史记·高祖本记》）从此，大凡想做帝王的人，都效法这位“始作龙者”，编造出了各式各样的“帝王龙”神话。如汉光武帝“梦骑赤龙”，南朝宋武帝见“五色龙章”，唐太宗有“龙凤之姿”，等等。

秦始皇着龙袍像

随着帝王们用龙、比龙、称龙，作为对应，帝后妃嫔们就开始用凤、比凤、称凤了。其起始标志是秦始皇（公元前259年—公元前210年）让妃嫔戴凤钗、穿凤头鞋。事见《中华古今注》：“钗古之遗像也。至秦穆公以象牙为之，始皇又以金银作凤头，以玳瑁为脚，号曰凤钗。”“冠子者，秦始皇之制也。令三妃九嫔当暑戴芙蓉冠子，……趿蹲凤头履，以侍从。”其被确认的标志是宋光宗（1147年—1200年）李氏皇后的“黑凤”之瑞征和“凤娘”之称谓。事见《宋史·后妃传下》："光宗慈懿李皇后，安阳人，庆远军节度使赠太尉道之中女。初，后生，有黑凤集道营前石上，道心异之，遂字后曰凤娘。道帅湖北，闻道士皇甫坦善相人，乃出诸女拜坦。坦见后，惊不敢受拜，曰：'此女当母天下。'坦言于高宗，遂聘为恭王妃，封荣国夫人，进定国夫人。乾道四年，生嘉王。七年立为皇太子妃……及太子即位，册为皇后。"

凤形头饰（唐）

凤头鞋（宋）

龙角龙尾凤纹（商）

于是，凤便有了一个大的转化：由阳转阴，整体上趋于雌性化。因为，帝王们绝大多数都是男人，手中又掌握着至高无上、威力无边的权力，加上由于容合对象的广泛，龙身上已集纳和具备了众多"阳物"的特性，其呼风唤雨的威力、飞举变化的能量，也和雄壮属阳的男性相吻合；而凤由于其外表美丽，和漂亮、温柔的属阴的女性更加接近。凤的这个转化过程，历时大约一千多年。

在这种转化之前，凤因具阳性，又因和太阳崇拜、风崇拜、族祖崇拜关系密切，其在人们心目中的地位不比龙低，甚至还要高些。北首岭"龙凤纹"上的凤，就在龙之上，且表现出"啄龙"的姿态；殷墟妇好墓出土的"玉凤"比同墓出土的"玉龙"要好看得多；那件商代"龙凤冠人形玉佩"，也是翘首凤在上，曲头龙在下；而在长沙陈家大山楚墓出

敦煌莫高窟壁画·女供养人（五代·南唐）

土的“龙凤人物帛画”上，无论形象的美健，还是神态的昂扬，凤都大大地超过了龙。甚至，凤还有意识地摄取龙的某些特性。湖南省博物馆收藏了一件商代“鹗卣（yǒu）”，其底部的凤纹，就长着打弯的龙角，甩着有节的龙尾。

凤的转化开始之后，其地位就大不如前了。和帝王开始比龙的时间相一致，龙从形象上也开始吸纳凤、摄取凤，目的大概是要将凤身上本有的雄阳之性、之美据为己有。凤作为阳鸟美禽，重要的形象特征是翅膀和足爪，于是龙也就生出了矫健的翅膀，长起了尖利的鹰爪，有了“应龙”（古文“应”通“鹰”）“飞龙”之称。我们看汉以后文物上的图案，只要龙和凤在一个画面者，大都是龙居中、居上，凤居偏、居下，而且多是龙比凤大的造型。如出土于北魏贵族墓中的“鎏金透雕人龙凤纹饰件”：两龙头尾相接，构成圆环，龙背各负一凤。其龙体硕肢健，张口扬首，虽然曲身，亦显力度；其凤体小蹴身，低头奋尾，给人依附之感。

帝王比龙之后，龙的地位日益显赫，至元代和元代以后，竟屡屡出现皇家垄断龙（主要是五爪龙）的情况。龙纹遂成为帝王宫苑的主要用纹，服装，器具，舟车，建筑，旗帜……真所谓“钩以写龙，凿以写龙，屋室雕文以写龙”，触目所见皆有龙。相比龙之盛荣，凤的光彩就要差一些，使用的数量，出场的机会，被垄断、被神秘化的程度，都比龙少得多、小得多。这种情况从秦汉开始，至明清为盛，以至于辛亥革命后仍余绪不断。

其间也有比较特殊的情况，即当女性主宰朝政时，凤的地位就会被抬到一个高度。

应龙图（汉）

透雕人龙凤纹饰件（北魏）

戴凤冠着凤袍的武则天
（乐舞剧《大唐女皇》剧照）

武则天（624年—705年）作为中国历史上唯一的名实相符的女皇帝，有比较深的凤缘和比较浓厚的凤情结。《大唐新语·第二十九章·记异》："袁天纲，益州人，尤精相术。贞观初，敕召赴京，途经利州。时武士彟（yuē）为刺史，使相其妻杨氏。天纲曰，'夫人骨法，必生贵子。'……则天时衣男子服，乳母抱出，天纲大惊曰：'此郎君神采奥澈，不易可知。'试令行。天纲曰，'龙睛凤颈，贵之极也。'转侧视之，'若是女，当为天子。'"这是说，武则天幼小时，其父亲武士彟曾让精通相面之术的袁天纲相过面，袁天纲说武则天生着龙的眼睛凤的脖子，如果（因袁天纲当时并不知武则天是女孩）是女子，"当为天子"。

《旧唐书·卷三十七·五行》载："高宗文明后，天下频奏雌雉化为雄，或半化未化，兼以献之，则天临朝之兆。"这是说，唐高宗李治去世后，全国多有雌雉变为雄雉，或半变未变的报奏，这是武则天临朝称制的瑞兆。雉即鸡，是凤排在首位的模特儿，人们往往以雉喻凤、代凤。

《大唐新语·第二十九章·记异》载："则天时，新丰县东南露台乡，因风雨震雷，有山踊出，高二百尺，有池周回三顷，池中有龙凤之形，米麦之异。则天以为休祯，号曰'庆山'。"这是说，武则天主政时，位于新丰县东南的露台乡，因风雨雷震，震出了一座高二百尺的土山，还有一汪面积达三顷的水池，池中出现了龙凤的形象，和稻米、小麦的异常情况。武则天认为是吉祥的瑞兆，于是给该土山取名为“庆山”。

《旧唐书·本纪第五·高宗下》载，唐代上元年间，武则天在唐高宗患病不能临朝的情况下，以皇后身份理政，其时陈州报告有“凤鸟见于宛丘”，武则天即下令“改上元三年曰仪凤元年”。唐高宗死后，成为皇太后的武则天“临朝称制”，下令将中书省改称“凤阁”，门下省改称“鸾台”。到了载初二年九月某日，“群臣上言，有凤凰自明堂飞入上阳宫，还集左右梧桐之上。”（《资治通鉴·唐纪二十》）不久，武则天就改唐为周，称圣神皇帝，改元“天授”。

武则天曾召集大批文人学士，撰修了大量的书籍，其中一种为《凤楼新诫》，共二十卷。从书名上看，估计与妃嫔、女性有关，可惜已散佚，未能流传下来。

总体来看，武则天很想改变中国从原始父系社会开始的男性帝王专权、女性后妃从属，即“龙主凤从”“龙正凤偏”“龙上凤下”的历史，也做了一定程度的努力。但是,“龙”的势力太大，武则天虽是一只“强凤”“威凤”，终归竞争不过。以下两件事，可以说明这一点。

一是在武则天做皇帝的第六个年头，用来听朝理政的“明堂”遭了火灾，“则天寻令依旧规制重造明堂，凡高二百二十四尺，东西南北广三百尺，上施宝凤。俄以火珠代之。”（《旧唐书·礼仪志二》）本来是想饰以“宝凤”的，却不得不“以火珠代之”，武则天的妥协和让步于此可见。

二是神龙元年（705 年），武则天病重，宰相张柬之等乘机拥戴中宗李显复位，当时给李显上的尊号为“应天神龙皇帝”，选用“神龙”，自然有压倒、替代武则天这只“威凤”之意。武则天心知肚明，却已无可奈何，为了死后的一点体面，她只好“遗制祔庙、归陵，令去帝号，称则天大圣皇后”（《旧唐书·本纪第六》）。死后葬李家乾陵——归了“龙穴”。而那座著名的无字碑，也和历代男性帝王碑一样，螭龙盘顶，升龙绕侧。

明朝是对帝王用龙、后妃用凤做出明确规定的朝代。定陵出土的用很细的金丝编织而成的万历皇帝金冠，上饰造型生动的“二龙戏珠”，堪称“龙冠”。而孝靖皇后戴的“宝凤冠”有三顶，一顶是“三龙三凤冠”，一顶是“九龙九凤冠”，一顶是“六龙三凤冠”，上面都饰有金龙，且均在翠凤之上。这样的形制，自然有龙辖凤、凤从龙的寓意。

螭龙盘顶的乾陵无字碑（唐）

孝靖皇后宝凤冠（明）

慈禧太后（1835 年—1908 年），是清朝晚期的实际统治者。龙凤文化发展到清代，在政治领域，皇帝是龙，后妃为凤，龙为主，凤为从，已成为朝里朝外、上上下下的共识。这是中华传统文化，慈禧心中不悦，却不能彻底变更，折中的办法是龙凤并举。于是，清朝的皇家宫苑里就有了一些被称作“龙凤呈祥”的景致。

颐和园仁寿殿前露台上就陈列着铜龙和铜凤，当年慈禧太后就是在这龙凤喷出的袅袅香烟中，接受群臣的朝拜，进行她的“垂帘听政”的。殿前还有三棵大松树，传说某年慈禧过生日，李莲英为了讨好主子，在三棵松树上挂满了彩灯。一棵树饰作龙形，另两棵树紧靠在一起，一棵饰成凤凰头，一棵饰成凤翅凤尾。合在一起称作“龙凤呈祥”。这样的寿礼使慈禧心花怒放，重赏了李莲英，还传旨在全园各大殿都装上电灯。

颐和园昆明湖中的瀛洲岛又名凤凰墩，有传说将此墩的得名与慈禧太后相联系：说有一天，慈禧带着侍从乘船在昆明湖里游玩，她登上瀛洲岛观赏景色，忽然看见一条又粗又长的黑花蛇盘曲在地上，正仰起身来张着嘴朝天吐信，原来这蛇看到树上一只花喜鹊，正冲着黑花蛇露出凶相。刹那间，这只喜鹊猛地飞下来，朝蛇头狠狠地啄了几口，又飞回树上。那黑花蛇想咬喜鹊又够不到。就这样，喜鹊飞下几次，连续啄伤黑花蛇。这黑花蛇实在招架不住，便逃窜了。慈禧看了这一场蛇鹊相斗后，忽然笑了起来，问身边的人，这是吉兆还是凶兆，身边人都不敢说，怕说错了。那李莲英早把慈禧的心事摸透了，便说："刚才蛇鹊相斗，鹊为凤，蛇为龙。龙斗不过凤，才吓跑了。这当然是吉兆啊！"慈禧一听，正合己意，便笑了。她传旨，要在这瀛洲岛上建一座凤凰楼，以纪念这花喜鹊得胜。由于这瀛洲岛上有了凤凰楼，所以后来才改名为"凤凰墩"。[30]

慈禧墓凤上龙下石雕（清）

这个凤凰墩与昆明湖中的龙王庙相对称，构成了颐和园中的另一处"龙凤呈祥"。

在龙凤对比中，突出凤，可以说是慈禧一生的追求。她在德和园看戏时的座位，就不称"龙位"或"龙椅"，而称"金漆珐琅百鸟朝凤宝座"。据说，慈禧起初常让光绪皇帝陪她看戏，却不给这位"儿皇帝"座位。可怜的光绪只能站在她身后。后来，名丑刘赶三心中不平，在演出时有意加了这样一句台词："你们瞧，我是个假皇帝，还有座可坐，可那位真皇帝，却连个座也没有。”也许是慈禧看戏时心情还算好吧，她没有怪罪刘赶三，倒让人给皇帝搬了把椅子。

慈禧在紫禁城的寝宫，是位于中南海西苑的仪鸾殿。鸾即凤凰，仪鸾就是鸾仪，即有凤来仪、吉祥如意的意思。

清东陵的定东陵是慈禧和慈安两太后的陵寝。这慈禧陵三殿，其耗金之巨，工艺之精，使明清二十四位皇帝的宫殿为之逊色。尤其是隆恩殿正中的丹陛石雕更是别出心裁。采用高浮雕加透视技法雕成，宽 1.6 米，长 3.1 米，图案为“凤在上，龙在下”。隆恩殿周围有六十九块汉白玉石栏板，每块栏板上都雕有“凤引龙”图案：一只高高在上的大凤，凌空展翅，穿云俯首；一条出水小龙，曲身扬首，仰望大凤。七十四根望柱头打破历史上一龙一凤的格式，均为“一凤压两龙”，暗示她的两度垂帘听政。这些骄凤，耸冠瞠目，翅翼微张，显得志得意满，简直不可一世！而身居下位的行龙，小头细身，唯骄凤的神采是瞻，实在是一副可怜相！

慈禧墓凤引龙栏板（清）

慈禧这种将凤抬高到龙之上的做法，在漫长的龙凤文化发展史上实属特例。

龙凤呈祥

龙与凤凰配合、对应、互补的情形，广泛地流行于民众之间，反映在不同地域、不同民族的习俗之中。其寓意，多是阴阳和谐，婚恋美满，求吉祈福。如中国传统吉祥图案中的《龙凤呈祥》：龙凤各居一半。龙是飞龙，张口旋身，回首望凤；凤是翔凤，展翅翘尾，举目眺龙。周围瑞云朵朵，一派祥和之气。民间也流传不少龙凤配合、结合的传说，如东北的《龙凤匹配》：龙子先化作蛇郎再化作英俊小伙儿向三姑娘求爱，婚后即去应考，三姑娘的姐姐偷烧了龙子留下的蛇皮，使考中状元的蛇郎只能以龙身飞回。三姑娘见状自杀，变成了一只火红的凤凰。于是龙凤和鸣，双双飞向天堂。

之所以会出现这样的情况，可以从两个方面来分析：一方面，龙和凤本来就是劳动人民发明、展现的神物，体现着人民群众的美好愿望，帝王、帝后自然不能全部垄断。如畲族穿“凤凰装”的习俗，就和帝后比凤无关：传说是古代一家母子，救了一只受伤的凤凰，凤凰伤愈后，将自己头上的头鬃和尾巴，送给这家新娶的姑娘。从此，畲族姑娘

龙凤呈祥（传统吉祥图案）

龙凤双喜（陕西关中民俗面花）

就有了凤凰装。另一方面，不可否认，帝王比龙、后妃比凤的讲究，也对民间的世俗生活产生了很大的影响，所谓“上好之，下必有甚焉者”（《南史·儒林传》引）。如浙江民间讲究新娘出嫁时穿戴凤冠霞帔，其由来据传是南宋时，某村姑救了康王赵构一难，赵构重登皇位后，即赐此村姑可以“娘娘”的名义，在出嫁时享受坐花轿、戴凤冠、着霞帔的殊荣。后来乡村姑娘在出嫁时也都纷纷效仿，遂有此俗。而那些言情小说，如《花龙戏凤》《浪龙戏凤》《侠龙戏凤》《傲龙戏凤》之类，从名称上就能看出受帝王比龙、后妃比凤的影响。

凤冠霞帔

龙凤手表

到了现当代，龙和凤作为帝王、帝后象征物的年代已成历史，人们更多的是将其视为“吉祥物”或“吉祥符号”。由此，产生了一系列新的民俗事象。如在孔圣人的家乡山东曲阜，随着尼山朱砂石的发现和开掘，兴起了刻送龙凤印章的习俗：小孩出生，是男娃就选龙，寓意“望子成龙”；是女孩就选凤，寓意“望女成凤”。或小伙子选凤章送姑娘，姑娘选龙章送小伙，寓意龙凤良缘，幸福绵长。生产天王表的天王电子（深圳）有限公司，也曾专门推出一对“龙凤金表”，作为男女定情互赠的礼物，寓意“龙凤呈祥，百年好合”。至于哪对夫妻喜得有男有女的双胞胎，人们就以“龙凤胎”相称的事情，就多见于传媒了。

2004 年 12 月 18 日，中华婚礼庆典主题曲在北京揭晓，由著名作曲家赵季平作曲的《龙凤呈祥》被选中，成为中国第一次有组织地面向社会征集而产生的第一首婚礼庆典主题曲。此后，新婚青年在举行婚礼时，可以无偿使用。此曲长约三分钟，其歌词为："你是新娘，我是新郎，我们的爱在朝霞中起航；你撑一篙，我划一桨，唱一曲中华《龙凤呈祥》；龙凤呈祥，地久天长，和和美美，喜气洋洋……"

深圳市从 2004 年起，曾连年在民俗文化村凤凰剧场举办题为"光彩龙凤"的大型集体婚礼，其活动内容计有"龙凤呈祥"民俗风情歌舞迎亲、"龙凤大典"婚典仪式、"龙凤百年"婚誓仪式、"龙凤连理"婚典婚宴、"龙凤舞中华"婚庆晚会、"金龙玉凤"洞房花烛夜、"龙飞凤舞"放飞白鸽、"龙情凤意"结同心锁、"龙凤同行"龙舟大赛、"龙凤和鸣"祈愿餐会等十项，这十项活动无不将"龙"与"凤"结合在一起。

龙凤洞房

笔者分析过，龙有种种神性，这些神性如果要用一个字来概括的话，就是"力"，力量的"力"，力度的"力"。凤也有种种神性，这些神性要用一个字来概括的话，那就是"美"，美好的"美"，美丽的

“美”，新美的“美”。于是，不妨这样说：龙是力量的象征，凤是美好的象征。龙和凤的对应，是力和美的对应；龙和凤的互补，是力和美的互补；龙和凤的和谐，是力和美的和谐。世上只要有男女，就会有力和美的对应、互补与和谐，就会有矫健的龙，美丽的凤。

第七章

龙凤文娱民俗

所谓“龙凤文娱民俗”，即与龙凤有关的文化娱乐民俗。之所以在“娱乐民俗”前加“文化”二字，是因为这些娱乐民俗，都含有多方面、多层次的“文化意蕴”。龙凤娱乐民俗有多种品类和丰富的内容，篇幅原因，本书仅介绍、分析“龙灯舞”“龙舟赛”“凤歌舞”“凤舟赛”四种。

龙灯舞

龙灯舞也称龙舞、舞龙、要龙，因舞蹈者手持龙形道具或以人体组合模仿龙的形态而得名。此舞不仅在白天舞，晚上也要舞，晚上舞就离不开灯，而且，一般还都要将灯置于龙体之内。因此，龙灯舞也通称龙灯，民间或称闹龙灯、要龙灯、盘龙灯、玩龙灯、龙灯会，等等。

中国是龙的故乡，自然也是龙舞的故乡。龙舞的品种，初步统计，已有二百多种。以制作材料分，有布龙、纱龙、绸龙、纸龙、草龙、板龙、柴龙、篾龙、钱龙、谷龙、竹龙、麻龙、板凳龙、扁担龙、稻草龙、百叶龙、荷花龙、花环龙、草绳龙等。以形态特征分，有鳅龙、虫龙、蛤蟆龙、蚕身龙、蝴蝶龙、狗婆龙、青蛙龙、鲤鱼龙、鹅公龙、蜈蚣龙、独角龙、高头龙、矮脚龙、疱颈龙、短尾巴龙等。以结构特点分，有缩龙、节龙、段龙、串龙、片龙、手龙、断头龙、断颈龙、硬颈龙、折鳞龙、筒子龙、脱节龙、袖珍龙等。以动作特点分，有游龙、懒龙、睡龙、飞龙、醉龙、爬龙、跑龙、跳龙、站龙、滚地龙、走马龙、圈子龙、座仔龙、吊吊龙、拉拉龙、扭扭龙、疙瘩龙等。以内容特点分，有拼字龙、罗汉龙、故事龙、母子龙、五股龙、云牌龙、绣花龙、高翘龙、顶碗龙、鱼化龙等。以数目称谓分，有独龙、双龙、单龙戏虎、一龙九柱、二龙戏珠、三龙相会、五龙拱圣、九龙盘鼎、十三太保龙等。以色彩称谓分，有黄龙、白龙、墨龙、黑龙、乌龙、苍龙、青龙、赤龙、红龙、金龙、彩龙、花龙、五色龙、七彩龙、九彩龙等。另外，还有不用道具，以人体接成的人龙和肉龙，专由女子舞要的女子龙，由儿童玩要的娃娃龙等。而且，即使叫同一名称的龙，舞的方式也多有不同。[31]

五龙拱圣（湖北嘉鱼）

五节龙（北京房山）

拼字龙（浙江欧海）

扭扭龙（江西崇仁）

手龙（安徽绩溪）

醉龙（澳门）

龙舞在两千多年前的汉代就有了，且具备了一定的规模，史料记载和出土的画像石上的图案都证明了这一点。也有学者认为，龙舞发端于商代，其理由，主要是甲骨卜辞上有祭龙祈雨的记载，而其时的祈祭活动，都要假以巫舞的形式。这样的观点是有道理的，甚至我们还可以考察得再早些：龙在大约公元前6000年的时候就出现了，生活在新石器时代的先民既然能在地面上摆砌龙、在陶器上刻画龙、在身体上佩戴龙，也就有可能在一定的场合舞蹈龙。当然，这只是一种推测、推想，有待考古发掘出明确的证据。

那么，为什么要舞龙呢？舞龙除整体上体现龙的容合、福生、谐天、奋进的精神外，还有祈雨祈福、娱神娱己、彰力显威、旺丁兴族的意蕴——可概括为四个字：祈，娱，显，旺。

祈雨祈福是舞龙最基本的意蕴。在一个靠天吃饭的农业社会，适度的雨水可以说是幸福之源。龙在起源时就和雨水相关，后又成为司理雨水的神灵，祷龙祈雨便成为中国农村常见的“有意味的形式”。其方式有多种，舞龙是其中之一。据董仲舒《春秋繁露》载，汉代人春旱求雨舞青龙，炎夏求雨舞赤龙或黄龙，秋季求雨舞白龙，冬天求雨舞黑龙。这些龙长达数丈，每次出动五至九条不等。

舞龙（汉代画像石）

后世的舞龙，大都包含祈雨

祈福的意味。如流行于湖南省湘西山区的龙头蚕身灯。该灯由龙的头和蚕的身与尾组成。制作考究，形体小巧，头尾能曲能伸，宛转灵活。竹圈连成蚕身，绳索系其内，白布蒙其外，外用红绿彩环缠身，由三个舞技出众的民间艺人分别持头、腰、尾三个部分执耍。龙头蚕身灯一般都是成对出行。出灯前，每对灯都要下到江边“吸水”，然后才沿门沿户祝福吉祥。为什么要吸水呢？很好理解，龙吸饱了水，才能保证雨水充足。南方一些地方流行舞草龙——由柳条、青藤、稻草扎成，夜晚舞耍时，龙身上满插香火，因而又称香龙、香火龙。舞龙结束时，还要在喧天的锣鼓鞭炮声中，恭恭敬敬地将草龙送到江河溪潭之中。其用意也是让龙回龙宫，以保佑一方地面风调雨顺。

以娱神娱己为目的舞龙可追溯到汉代的“鱼龙曼延（亦作曼衍、漫衍）”。《汉书·西域传赞》载：“孝武之世……设酒池肉林以飨四夷之客，作巴俞都卢、海中砀极、漫衍鱼龙、角抵之戏以观视之。”颜师古解释说，“巴俞都卢”“海中砀极”都是歌舞名，而“鱼龙”，则是由人装扮成一种来自西域的巨型珍兽——舍利之兽，先在庭前舞蹈戏乐，然后到殿前激水，于水花飞溅中，化作一条巨大的比目鱼，“跳跃漱水，作雾障目”。然后，再化作身长八丈的黄龙，“出水敖戏于庭，炫耀日光”，故又名“黄龙变”。由此看来，鱼龙当是一种由人装扮成巨鱼和巨龙进行表演的大型舞蹈。由于巨鱼和巨龙之间有一个“变”的问题，因此在表演时，可能还需要幻术、布景、烟雾等来配合。

东汉张衡在《西京赋》、李尤在《平乐观赋》中都有对鱼龙曼延的生动描述。从中可以看到，作为汉代的大型歌舞，鱼龙曼延集合了当时最高水平的演员阵容以及布景、道具和特技，可谓规模宏大，幻象纷呈。除中心节目“巨鱼变巨龙”外，还有由人扮装的熊、虎、猿猴、大象、大雀、大龟、大蟾蜍及其他不知名的奇兽参与演出。

史料之外，还可以从汉代画像石、陶器上找到鱼龙曼延的影子。江苏铜山洪楼发现的乐舞百戏画像石，山东沂南出土的角抵百戏画像石，上面都有鱼龙作舞的图像。浙江武义县出土的属于东汉末、三国初的五管谷仓瓶，上面也有成型的龙舞形象。

龙戏（汉代画像石）

灯与龙的结合，大约从唐代就开始了。唐诗人张说《踏歌词》中有“龙衔火树千灯艳，鸡踏莲花万岁春”之句，李约《观祈雨》有“桑条无叶土生烟，箫管迎龙水庙前”之句，张九龄也作了一首《奉和圣制烛龙斋祭》，其“烛龙”，有可能就是龙体中置灯烛之龙。

龙灯各地都有。重庆市铜梁县的龙灯比较出名。国家几次大型庆典上用于表演的金色巨龙，就出自这个县。铜梁龙灯有正龙：头大、胫长、节内点灯，以灯光取代烟火，玩时比较安全。还有用竹编作龙骨，纸扎龙头，布做龙脊，借助灯火而起舞的彩龙；用皮纸或绢绸做皮，彩绘鳞甲，龙身能伸缩转动的肉龙或蠕龙；天旱时求雨，舞时可泼水的黄荆龙；用白花扎成，用来祭祀亡灵的孝龙；用稻草扎成，插入竹竿，执持起来耍舞的草把龙；以及由孩子们耍舞的，用一棵棵大白菜插上竹竿，点燃红烛，中间串以绳索的菜龙，等等。

铜梁人舞龙有不少讲究。过去沿袭汉代的春舞青龙、夏舞赤龙、秋舞白龙、冬舞黑龙的规矩。现在逢年过节舞彩龙，舞到人家门前就暂时停下来，龙头频点向主人拜年祝福，然后再上下翻腾，左盘右旋。这时，主人必须鸣放鞭炮以示欢迎，并用裹着钱的“红包”或糖果香烟等来答谢。

中华民族是拥有 56 个成员的大家庭，同汉族一样，各少数民族也都与龙有千丝万缕的联系，也有许多动人的关于龙的传说和各种各样的龙舞。如彝族的牵手跳龙门、花腰女子舞龙，苗族的接龙舞、耍金角老龙，壮族的滚龙灯，畲族的迎龙伞，瑶族的人龙舞、龙凤舞、龙虫舞，白族的滚地龙、滚火龙，侗族断颈龙，羌族的舞麻龙，阿昌族的舞白象青龙，仡佬族的打花龙等。这些龙舞，大多欢快活泼，轻松有趣，具有鲜明的民族地域色彩。

瑶族人龙舞

羌族舞麻龙

侗族断颈龙

阿昌族舞青龙白象

舞龙还有彰力显威的作用。人们相信，歌之唱之，可以召唤龙的神灵；舞之蹈之，可以模仿龙的神态；有歌有舞，既可以使神龙欢愉喜悦，也可以使自身具有龙性。同时，通过舞龙，也使舞龙人的力量和威风得以彰显。这里有几层意思：一是舞龙本身是一个力气活，那些由腾跃、翻滚、盘回、穿插、耸立等构成的诸多套路、造型，不出大力就完不成。二是龙是力量的集合、力量的象征，自然界的诸多动物和天象，都将自己的力量投注在了龙的身上，舞龙也就是显示天的威力，显示天的威力的同时也显示了人的威力。第三，舞龙需要配合，需要协作，任何一个舞龙手都不能脱离集体而存在，它显示和彰扬的是一种“合力”，即团结的力量。

重庆铜梁、广东潮州、丰顺等地流行的“火龙”（也称“烧龙”“炸龙”），就含有多重意味。铜梁人认为，烧龙是为了送龙上天，龙上天后

火龙

才能负起职任，及时地兴云布雨。于是，在龙灯会达到高潮时，狂欢的人们，或点燃鞭炮朝龙身上扔，或释放焰火喷龙，或把熔炉里滚烫的铁水倒出来，让四溅的火花烧龙……丰顺人烧龙源于一则传说：很早以前，一条火龙来到丰顺地面，此龙浑身喷火，致使禾苗焦枯，田地干裂。一对年轻夫妇领着大伙凿山引水，渠成水到之时，火龙赶来破坏，烧死了年轻夫妇，也烧干了水源。年轻夫妇的儿子继承父母遗志，外出学法三年，归来后和火龙苦战三天三夜，终于以毒攻毒，用神火将火龙烧死，自己则化作一条行雨施水的善龙。从此这一带风调雨顺，再也没有闹过旱灾。为了纪念这位英雄，当地老百姓便年年举办烧龙活动。所烧之龙一般用竹纸扎成，长 15 米到 20 米，龙身扎满鞭炮。经过引龙出海、请龙、戏龙、耍龙等程式，直到鞭炮放完，龙体烧尽为止。

在台湾苗栗县，烧龙则被称作“焖龙”——即“炸龙”。每年元宵节，苗栗客家人都要举行炸龙活动。苗栗炸龙分为“六部曲”，各有其文化内涵：第一，糊龙——由龙主到相关庙宇祈求糊龙吉日，然后选取优质材料制龙，于元宵节前完成。第二，祥龙点睛——举行仪式，依客家古礼，为祥龙开光点眼，祈求上天赐降神灵瑞气，附于龙身，借以护佑苍生。第三，迎龙——以向家中供奉的神明报喜，开大门、放排炮、送红包等形式迎接龙队的到来。客家人相信神龙登门，等于“神明造访”，能为地方消灾，给家家户户带来好运，所谓“龙迎新岁报平安，气招万物庆丰年”。第四，跈龙——即跟着龙走，相信能吸纳龙气，

台湾炸龙（陈晓晖 绘）

带来平安和吉祥，且随龙送福，送福得福。第五，炸龙——当龙队到来之时，燃放大量鞭炮，并将炮仗从四面八方射向龙身，有展现财富、驱邪纳吉、祈求人财两旺、庆贺助兴、把热闹气氛推向高潮等意。第六，化龙返天，也叫“谢龙”，炸完龙后，龙队返回相关庙宇，举行仪式，意喻功德圆满，送龙归天。[32]

旺丁兴族是舞龙的更深一层寓意，其根据是“灯”与“丁”的谐音象征。中国民间有元宵节做桔灯（谐“吉丁”）、添灯（谐“添丁”）、用面粉捏制十二生肖灯（生肖和生育关系密切）、送灯（谐“送丁”）、偷灯（尤其是偷庙里的“莲灯”，谐“连丁”）、迎花灯（谐“迎花丁”）、接灯、还灯、完灯（小孩长到十二岁时，由舅家送最后一次灯），以及上灯棚、穿灯脚、打点仔灯、挂子孙灯、燃照岁灯等习俗。这些灯俗，都含有繁盛人丁，兴旺家族，为下一代的健康成长求吉祈福的寓意。

龙灯也是灯，是“灯”就谐“丁”。而且，龙是中华民族的图徽，是力量和智慧的象征，龙灯也就寓意着“龙丁”——谁不希望自己的家里出一个“龙子”呢？这样，在全国各地的舞龙活动中，常有一些和“龙丁”相关的程式、讲究、说词。浙江奉化流行一种盘龙灯，“盘”到子孙众多的大户人家，放“百子炮”；盘到小户人家，放三只连响炮。放炮者不能将炮蹲在地上放，认为炮一蹲地，就意味着这家子孙是“泥坯子”；要将炮提在手中放，寓意“龙子”一步登天。盘到新屋落成的人家，要让这家的妇女摸“龙须”和“龙角”（象征性地与龙交会），让其小孩“钻龙门”（和“登龙门”意同，认为钻过龙门就有了成龙的希望）。龙灯不会白舞，钱呀物呀，总是需要给的，而且多多益善。平时生活再节俭的人家，这个时候一般都表现得慷慨大方。

湖南湖北一些地方，人们相信龙灯对生育有利。在龙灯舞到门前时，那些多年求子不得的妇女，往往加钱加物，让龙绕一绕自己的身体。浙江东阳、金华、贵州桐梓等地的龙灯会，有“分子息”（舞完龙灯会分灯或分糖果礼物）、“挂红”（村主或族长给龙头上披挂红绸被面）、“抢红”（谁家将此被面抢购到手，谁家就子孙兴旺）、“产龙蛋”（舞龙者进屋后，将两个红鸡蛋送给主人，让主人放到被窝里）、“放圆宝”（将逗耍龙灯的圆宝在家中存放一年，来年灯会前奉还）等节目。因为人们祈求子孙、旺丁兴族的愿望代代传承，这些节目也就常演不衰。

舞龙原属于流行于民间的群众性的自发的文体活动，其登堂入室，成为国家重视的竞技性运动，即所谓“由一般的表演活动，发展成为一项集娱乐、喜庆、竞技和健身多种功能于一体的文化体育活动，并开始走上了规范化、科学化、竞技化、国际化的发展轨道”[33]，还是20世纪90年代中期的事，其标志，便是1995年中国龙狮运动协会（受国家体育总局领导）的成立，和《中国舞龙竞赛规则》的出台。

这期间，著名舞龙文化专家黄益苏先生做出了创造性贡献。黄先生从1994年开始到1997年，组建了中国高校第一支教工舞龙队；1999年出版了中国第一本全面介绍舞龙舞狮运动的专著——《龙狮表演与竞赛》；2003年领衔成立了“中南大学龙狮运动研究所”，首创并先行“百校龙狮进课堂推广计划”。2013年，中南大学龙狮运动研究所、首都体育学院武术表演学院、香港浸会大学（珠海分校）联合国际学院龙狮学者共同发起并开始实施“全国千校龙狮进中小学推广计划”……

少儿舞龙

笔者认为，在中、小学开展舞龙活动，至少有三大好处：一是传承中华优秀文化。龙是中华民族的徽标，是中华文化的象征，其表象瑰丽神奇，其内涵丰富深邃。通过舞龙，可以使青少年对龙的容合、福生、谐天、奋进的精神有一个形象化的感受和理解，从而热爱中华文化的优秀精华，自觉地担负起传承、弘扬、发展的责任。二是培养团结协作精神。舞龙是团结凝聚的产物，是众人合力的结晶，没有团结和协作，任何一条龙都难以舞动；而在舞龙的过程中，任何一个个体的不配合或出现失误，都会对舞蹈的整体质量产生不好的影响。所以，让青少年学习和练习舞龙，无疑有助于团结协作精神的培养。三是强健体魄，娱乐身心。舞龙属于大运动量项目，可以强健人的体适能，如心肺耐力、肌力、肌耐力、柔软度、身体质量指数，以及敏捷、平衡、协调、速度、反应时间、瞬发力等。同时，舞龙又称“耍龙”，其参与性和娱乐性都很强，对青少年身心的健康发育和成长，好处多多。

龙舟赛

龙舟赛又称龙舟竞渡、划龙船、龙船赛会等，是一种源远流长的群众性娱乐活动。其起因历来说法不一，以纪念楚大夫屈原说传播最广。之外，还有纪念越王勾践操练水师、纪念伍子胥和曹娥、纪念掌管雨水的金角老龙、纪念古代某英雄人物，以及“迎夏至”“避恶日”——认为五月是“恶月”，五月初五是不祥的日子等说法。

赛龙舟（古书插图）

作为神物，龙有喜水、好飞、善变、显灵、兆瑞、示威等神性和兴云布雨、司水理水的神职。既然有这样的神性和神职，被生活在江渎四流、湖泊星罗的水乡各族人民所崇拜就是再自然不过的事情。崇拜意识必然要外化为具体行为。这些行为包括：祭神，将人间美味敬献给神灵，并伴之以香火，让其款款享用；娱神，歌唱、舞蹈，想着法儿让神快乐；拟神，模仿神的举止形态，表示自己和神物有密切的关系，自己身上已具有了神性，从而能够“神灵活现”“神采飞扬”。这大概是龙舟竞渡的深层动因。

人们相信，通过声势浩大的竞赛龙舟，能使天上水中的神龙心神感应大娱大悦，从而焕发神性，克尽神职，保佑一方水土风调雨顺，稼渔丰成。同时，也使人们自身秉赋龙的神性，承膺龙的精神，像龙那样集结群英，凝聚众力；像龙那样纳吉寓祥，嘉瑞四方；像龙那样强悍矫健，腾飞猛进。至于纪念某某人云云，只不过是一种附会。原因大概在于，这些人杰的某些品性和龙的神性有相通、吻合之处，又多少分担了龙的一部分神职：如伍子胥就曾被奉为长江水域的“水仙”“涛神”“潮神”和“江神”；屈原也曾被封为“广源顺济王”，有“江神即楚大夫屈原”之说。

赐福龙舟（安徽民间年画）

用作竞渡的龙舟，其形制因时代而变化，因地域而不同。据载，旧时西湖上的龙舟，约四五丈长，头尾高翘，彩画成龙形；中舱上下两层，船首有龙头太子和秋千架，均以小孩装扮，太子立而不动，秋千上下推移；旁列弓、弩、剑、戟等“十八般武艺”和各式旗帜。尾有蜈蚣旗，中舱下层敲打锣鼓，旁坐水手划船。苏州的龙舟分成各色，四角插旌旗，鼓吹手伏在中舱，两旁划手十六人。篙师执长钩立于船头，称作挡头篙。船头亭上，选面端貌正的儿童，装扮成台阁故事，称龙头太子。船尾高丈余，牵系彩绳，由擅长嬉水的小儿表演“独占鳌头”“童子拜观音”“指日高升”“杨妃春睡”等节目。

当代用来竞渡的龙船，形制比旧时简化了许多。船以色彩分赤龙、青龙、黄龙、白龙、黑龙等。船身、船上的罗伞旌旗等装饰，以及划手们的服装乃至船桨，都要求一色。湖北、湖南等地的龙舟短则七丈多，长则十一丈余，划动时有如游龙戏水。福建的龙舟，船首雕刻龙头，口能开合，舌能转动。贵州的龙舟由三只独木船联合而成，中间较长的一只称“母船”，船上有鼓手指挥，两边的两只船身稍短，称“子船”。

湖北荆州龙舟赛宣传画

龙舟竞渡（李福民 摄）

有关竞渡的仪式、规定、技巧和情景也因时因地不同而丰富多彩。“羊腔酒担争迎妇，鼍鼓龙船共赛神。”（陆游《丰岁》）“五月五日天晴明，杨花绕江啼晓莺。使君未出郡斋外，江上早闻齐和声。”“鼓声三下红旗开，两龙跃出浮水来。棹影斡波飞万剑，鼓声劈浪鸣千雷。鼓声渐急标将近，两龙望标目如瞬。”“锣挟鸣涛鼓骇雷，红旗斜插剪波来。锦标夺到轩腾处，风卷龙髯雪作堆。”（张建封《竞渡歌》）通过这些诗句，古代龙舟竞渡的热闹场面跃然纸上。

诗中提到的“标”即“标杆”或“标船”，是各龙船争夺的目标。标杆上悬挂锦彩、银碗、钱钞等赏物，立于水中，快捷先到者可得。标船设置在终点，当竞渡的龙舟接近时，将标抛入水中，让诸龙争夺。标有鱼标、鸭标、铁标等。有的地方还流行“做胜会”——即由看船上的游客买土罐或鸭子，掷入水中，由参与竞渡的龙舟，入水争夺以为娱乐。

龙舟赛前一般都要举行隆重的祭祀仪式。如在屈原投水的汨罗江畔，每年龙舟赛前，都要先祭屈子庙。来自四面八方的男女老幼，抬着龙头，一批一批地汇聚在屈原像下，叩拜，吊唁，以粽子、包子、酒水等祭奠。然后由主祭人将一条红绸系到“头龙”的头上，由“头桡”将龙头扛到江边洗澡，洗完后将龙头安于船首，这才开始赛龙舟。地域不同，讲究不同。有的地方出龙前数日，要祀神演示一番，名曰“下水”。上岸送神，称作“拔龙头”。竞渡的组织者，年前率众位游手，将一根带叶竹竿竖立桥头，以便来年“出龙认色”，其名曰“钻五”；月朔互相往来，名曰“拜客”，等等。

随着中外文化的交流，龙舟赛也传到了日本及东南亚诸国。比如，日本的九州、冲绳等沿海地区，就流行一种赛船活动。不过他们不叫龙舟赛或龙舟竞渡，而叫“爬龙”。新加坡常在端午节这天，举行全国性的龙舟比赛。他们的龙舟披红挂彩，扮作狮子、狗熊的司鼓手站在龙舟最前面，擂动大鼓，指挥和协调划手动作。整个比赛，一般从下午两三点开始，直到夕阳西下才告结束。

龙舟竞渡是一种具有浓郁的民俗文化色彩的群众性娱乐活动，同时也是一种有利于增强人民体质，培养同心协力、勇往直前、坚毅果敢精神的体育运动。因此，中华人民共和国体育运动委员会于1984年5月16日做出决定，将龙舟竞渡列为正式比赛项目。当年10月，在广东佛山举行了全国首届屈原杯龙舟赛。1985年6月6日，中国龙舟协会在湖北省宜昌市宣告成立。7月，第二届屈原杯龙舟赛在葛洲坝三江航道举行，观众多达十余万。经过几十年的发展，龙舟竞渡的赛制趋于完善，规模也越来越大，已发展为国际性赛事。

凤歌舞

《吕氏春秋·古乐篇》记载着一则传说：远古的时候，黄帝令大臣伶伦制定乐律，伶伦到嶰溪之谷选取粗细、厚薄均匀的竹子，做成若干个可以吹出声来的竹管，无奈声音很不和谐。后来，飞来了一对美丽的凤凰，凤叫了六声，凰叫了六声，声音非常美妙。于是，伶伦便模仿凤凰的鸣叫声制成了十二根律管。所谓“听凤凰之鸣，以别十二律”。这便是后来音乐中“十二律”名称的来历。传说当然只是传说，但这则传说，一是告诉我们，人类的音乐来自自然界，起码参考了鸟类的声音；二是将音乐和凤凰联系起来，从神话的角度讲，凤凰之鸣是美妙动听的天籁之音，可谓乐声之母。

伶伦听凤鸣创音律（陈晓晖 绘）

凤音乐的典型曲目是唢呐独奏曲《百鸟朝凤》。这首曲子有原曲和改曲之分。原曲指流行于山东、河南、河北等地的民间乐曲，尽管结构比较松散，没有高潮，即兴发挥时，公鸡啼晓、母鸡生蛋，甚至连小孩的哭叫声等都可随意加入，但却具有朴实、生动、贴近大自然和农家生活的特点。改曲是民间乐手任同祥在专业音乐工作者的协助下对原曲进行加工后的曲子，压缩了鸟叫声，删去鸡叫声，设计了一个运用特殊循环换气法吹奏长音的华彩乐句，扩充了快板尾段，使全曲在热烈欢腾的气氛中结束。此曲在第四届世界青年联欢节上荣获民间音乐比赛银质奖。到了 20 世纪 70 年代，在任同祥演奏的基础上，又设计了一个呈现百鸟齐鸣意境的引子，以加强音乐性，还扩充了华彩乐句，使用快速双吐演奏技巧，使乐曲更为完美。

《百鸟朝凤》之外，以凤为名的乐曲还有唢呐曲牌《百凤朝阳》《单凤朝阳》《双凤朝阳》《迎凤》《飞凤含书》《游龙戏凤》，笛曲《双合凤》等。之所以以唢呐曲牌为多，是因为唢呐的连奏、单吐、双吐、三吐、弹音、花舌、箫音、滑音、颤音、叠音、垫音等演奏技巧，使其比起别的乐器来，更容易模仿飞禽的鸣叫声。而众多飞禽鸣叫声的集合与升华，便是凤凰的声音了。

凤凰对舞（汉代画像石）

以凤为名的歌曲，有侗族的《竹林引凤凰》、蒙古族的《草原凤凰》（“凤凰传奇”组合演唱）、壮族的《凤凰飞来铜鼓响》、土家族的《请到双凤摆手来》等。这些歌曲的歌词都很优美，隽永者如“……看那草原飞来的凤凰，飞过千山翱翔在四方。祖先的希望，童年的梦想，在肩上。看那草原飞来的凤凰，飞过千山也要回家乡，只要能回到母亲的身旁，再大风雨也不收翅膀……”；欢快者如“山外的姑娘山下的哥吔，请到双凤摆手来……捧起一碗双凤茶，姑娘吔、哥哥吔——摆手跳得秧门开……锦鸡画眉绕你飞，姑娘吔、哥哥吔——山里妹子长得乖……”有些歌曲虽没有以凤凰为名，却有凤凰的内容，如内蒙古科尔沁民歌《吐尔基山》：“……从西边望去那美丽的吐尔基山，鲜艳的花朵开放在山坡上；从东边望去那美丽的吐尔基山，老虎狮子繁衍的地方；从南边望去那美丽的吐尔基山，各种动物不愿离去的地方；从北边望去那美丽的吐尔基山，凤凰百灵鸣唱的地方……”

有歌就有舞，凤舞蹈与凤歌曲一样源远流长。相传帝喾曾命令臣下“咸黑”创作歌曲《九招》《六列》《六英》，又命令巧匠“垂”创制了鼙、鼓、钟、磬、笙、管、篪等乐器。这些乐器吹打演奏起来，十分悦耳动听，能使凤凰及锦鸡们随声起舞。帝喾很高兴，就以此来歌颂上帝的功德。“韶”乃帝舜时的乐名。《书·益稷》曰：“箫韶九成，引凤来仪。”相传舜帝南巡的时候，曾令随从人员演奏韶乐九成，动听的音乐召来了美丽的凤凰。于是，山地上，舜帝与人们一起和歌欢舞；天空中，凤凰展开五彩的翅膀随人们起舞，百鸟与之和鸣共舞。后来，凤凰随着舜帝到了九疑山。舜帝在九疑山升天后，凤凰返回韶山。每当彩霞挂在天边的时候，凤凰就翩翩起舞，鸣歌奏乐，凤音在韶峰的树林间回荡……北魏高阳王元雍宠妃，善舞《火凤》。唐人李百药有《火凤辞》，曰“歌声扇里出，妆影扇中娇”。可知《火凤》乃歌舞类节目，舞者以扇为道具。《唐会要》载：“林钟羽，时号平调，火凤，真火凤，急火凤舞。”天宝十三年（754 年）太乐署改《急火凤》为《舞鹤盐》。由此可见，此舞有模拟其取材对象的动作。

广东德庆永丰、武垄，珠海前山一带，流行一种“凤鸡舞”。逢年过节，村里的凤鸡舞队伍便扛起五彩缤纷、两米多高的凤鸡，敲锣打鼓，高奏唢呐，走村串户，送上欢乐祥和，共祝吉祥如意，福寿康宁。武垄镇凤鸡舞队曾多次参加省市欢乐节，观众争相与凤鸡摄影留念，气氛热烈欢快。凤鸡舞的来历很有趣。据村民说，他们的先祖为了寻找一块能够安居乐业的地方，曾经搬迁了几次，但都不大如意。

凤鸡舞（珠海前山）

后来来到一块景色秀丽的地方，大家决定住下，恰好有一只大红公鸡引颈长鸣，大家认为这是个好兆头。定居之后，果然家宅平安，年岁丰阜。于是人们认为大雄鸡是吉祥物，用竹篾彩纸彩布扎成大雄鸡，敲锣打鼓在新住地周围巡舞一周。此后，每逢喜庆节日，舞雄鸡便成了驱邪除秽，迎祥接福的传统习俗。再后来，雄鸡崇拜演变、升华为凤崇拜，雄鸡舞就成了凤鸡舞。

“凤麟祥”是广西玉林市山心镇庞村老人莫耀群父子精心编导的一种舞蹈。从清代同治四年（1865 年）起，莫氏父子根据商朝凤鸣岐山出了周文王，凤鸣则生贵人的典故，凑成了“凤麟祥”。又名“麟凤舞”或“跑月”“双凤朝阳”。又根据古书所载麒麟、凤、龟、龙乃为“四灵”之说，编出了集凤凰、麒麟、日、月等象征吉祥的道具。主要动作有碎步、扑翅转、金鸡独立跳、双腿并立跳、半边月、跨腿小跳、踏步半蹲转、蹉步跑跳，等等。在广西百色市、田林县的瑶族同胞中，还流传一

瑶族龙凤舞

凤阳花鼓

种“龙凤舞”。此舞与“凤麟祥”一样，属于表达人们吉祥求福意愿的广场性舞蹈，风格古朴自然，动作也相对简单。

流行于安徽省凤阳县的“凤阳花鼓”是将凤歌和凤舞结合在一起的民间传统艺术。《帝乡纪略》载：凤阳府泗州“插秧之时，远近男女，击壤互歌”。《霓裳续谱》所收《凤阳歌》云：“凤阳姐儿唱秧歌，想着山后的情哥哥”。据此，可见凤阳花鼓与秧歌有渊源关系。凤阳花鼓最初表现形式为姑嫂二人，一人击鼓，一人击锣，口唱小调，鼓锣间敲，唱者兼舞。“说凤阳，道凤阳，凤阳本是个好地方，自从出了个朱皇帝，十年倒有九年荒。大户人家卖牛马，小户人家卖儿郎，奴家没有儿郎卖，身背花鼓走四方……”这首名为《凤阳歌》的花鼓唱词，明代以来，随着凤阳人走南闯北、东乞西讨地传唱，已为古往今来的许多人所熟悉。20 世纪 80 年代以后，凤阳花鼓从内容到形式都有了很大变化。内容上增加了许多歌颂新生活、新变化的唱词，形式上在保持浓郁的地方特色的同时，从花鼓的打法、舞步、花势到演唱形式都借鉴、融入了现代歌舞的技巧，表演形式更加活泼多样，表演时的气氛也更加欢快热烈。如今，凤阳花鼓不仅在凤阳城乡普及，是凤阳人自娱自乐的工具，还走出凤阳，走出安徽，走出国门，参加全国性的民间艺术表演和比赛活动和多部影视片的拍摄，且多次获奖；在国外表演，也颇受欢迎。

山西省的原平、文水，河北的衡水，北京的顺义等地，还流行一种名为“凤秧歌”的民间歌舞，以原平的凤秧歌最出名。原平凤秧歌大约有三四百年的历史。其得名，一说是由安徽的凤阳花鼓演变而来，是凤阳花鼓与当地的踩圈秧歌的结合；一说是缘于此秧歌的表演道具——男角头上所戴着的甩圈草帽的顶端，缀有一个红绒球，颇似凤凰头上的红冠，谓之“凤帽”，故名。传统的原平凤秧歌，一般分为踩街、踩圈圈、开轱辘三大部分；男角以刚柔相济、大方洒脱的动作甩帽圈，打腰鼓，女角以婉转雅致、玲珑精巧的姿势打特制的小铜锣。其歌舞语言丰富，乡土气息浓郁，风格火爆、粗犷，又不乏细腻和优美。20 世纪 50 年代，原平凤秧歌《过大年》参加了全国民间音乐舞蹈汇演，获得优秀演出奖。20 世纪 80 年代以来，原平人在继承传统的基础上，对凤秧歌多次进行改革，使其从过去纯粹的街头节目逐步过渡到广场节目和舞台节目并存。服饰、道具方面也发生了大的变化——过去由男演员表演甩帽圈、打腰鼓，现改为女演员甩帽圈，并以手舞腕饰代替打小铜锣。同时，还添加以烟火、灯光等效果。

凤舟赛

凤舟的历史久远。出土于战国墓葬的《穆天子传》有“天子乘鸟舟，龙卒浮于大沼”之记。西晋郭璞注：“沼池龙，下有舟字，舟皆以龙鸟为形制，今具之青雀舫，此其遗制者。”唐代李怀远《凝碧池侍宴看竞渡应制》诗中有“列筵飞翠斝，分曹戏鹢舟”句。这些记述中的“鸟舟”“青雀舫”“鹢舟”，皆可视作凤舟的前身或别称。

凤舟赛也称划凤船，与龙舟赛相比，凤舟赛还不多见。

湖北省洪湖市新堤镇有举行凤舟赛的习俗。据说当年慈禧太后垂帘听政后，曾改宫中成例，令凤在前龙在后，凤居上龙居下。某年春节期间，新堤镇搞“踩街”表演，忙乱中不小心，让龙灯走到了凤灯的前面。此事被人告密，朝廷便以渎职欺君罪将主管踩街的官员斩首示众了。其他地方官们都提心吊胆，只怕受到株连。当时新堤归沔阳县管，其县县令赶忙亲临新堤镇，筹划补救措施，但一时想不出好的办法。这时，县衙门里一位姓魏的师爷出了个点子：搞一次“龙凤舟赛”，让凤舟超过龙舟。于是，让工匠造了一只“凤船”。此船全长九丈九尺，喻“九九长寿”；船上划桨手、舵手、护艄工、锣鼓手、指挥者等共一百人，喻“百子吉祥”。凤船整体形似凤凰，绿颈，朱冠，红身，五彩尾羽。端午节那天，凤船入水参赛，结果超过所有龙舟，获得第一。消息传到京城，慈禧大悦，即派太监来新堤，举行复赛，并为夺得冠军的凤船披彩，当众赏赐“百子”黄金和美酒，沔阳县诸官，都跟着沾光，全部晋升一级。从此，洪湖新堤每年端午节都要划凤船。[34]

凤舟赛（民间绘画）

湖北洪湖的凤舟赛与中国历史上的一位女性“准皇帝”——“不是皇帝却胜似皇帝”的慈禧太后有关，而四川广元的凤舟赛则与中国历史上的一位女性真皇帝——武则天有关。两处凤舟赛都既反映了皇家文化对民俗文化的影响，也反映了在一定条件下，女性“半边天”对男权社会的挑战，和全社会对这种挑战的认可。当然，今天的凤舟赛除传承历史、民俗文化外，还有开发旅游产业、提高地方知名度、活跃群众文娱生活等功用，可谓好处多多。

武则天虽祖籍山西文水，却出生于广元。她主政和在位期间，广开仕途，奖励农桑，上承贞观，下启开元，为盛唐奠定了基础；却也屡兴大狱，杀人如麻，可谓有功也有过。相比之下，功还是大些，尤其是她创建武周，自立为皇帝，确实是让长期受男权压迫的“小女子”们“抖了一回精神”。于是，广大妇女便拥戴武则天。在广元，这种拥戴的表现形式，便是在武则天生日即正月二十三这天，大家都穿戴、梳妆一新，自发地涌到广元城边的嘉陵江上，荡舟一游，间以歌乐，一则纪念武皇，二则展示己美，三则随喜、结缘、讨吉祥。时间一长，“正月二十三，妇女游河湾”，就成为广元妇女最早的民俗节日，称作“广元女儿节”。改革开放后的1988年，广元市做出了恢复“广元女儿节”的决定，考虑到正月二十三天气还比较冷，不利于开展活动，遂将节期定于公历9月1日至9月5日。

广元凤舟赛虽然是从20世纪90年代初才开始的，但其渊源，却是当地久已有之的以妇女们为主角的荡舟游河湾习俗。1993 年后，广元在境内水域相继开展了凤舟比赛，成为女儿节的主要活动之一。1999 年，广元在女儿节期间，举办了全国首届凤舟邀请赛。之后，又于 2005 年举办的了“中国·广元国际凤舟节”。这些赛事活动，填补了女子水上集体划船比赛的空白，开创了女子划凤舟的先河，为舟船比赛增添了新的竞技项目，形成了男子赛龙舟、女子划凤舟的新格局，标志着凤舟赛已成为全民健身活动的重要内容之一，已由地区性赛事走向全国性赛事。凤舟赛可以展示妇女们当家做主，携手拼搏，不断追求快乐、幸福的愿望和风貌，也体现和弘扬着团结合作、齐心协力、和衷共济、超越自我、奋勇争先的时代精神。2013 年，广元女儿节凤舟赛获得首批中国体育非物质文化遗产保护与推广项目。

浙江温州凤舟赛（苏巧将 摄）

据媒体介绍，广元用于竞赛的凤舟有四个特点：一是凤舟造型呈流线型，扁长、轻巧、美观大方；二是型深、型宽改动更符合竞赛规则，有利于运动的实际操作；三是船身经反复打磨后才着色、彩绘，工艺精湛；高昂的凤头和飞扫的凤尾雕刻精致，彩绘鲜艳；四是凤头、凤尾可拆卸，便于运输、保管。

进入 21 世纪后，浙江温州、广东揭阳等地也有了凤舟赛项目。

第八章 龙凤民俗的特点

龙凤民俗具有群体性、地域性、传承性、变异性、广渗性、象征性等特点，其中，广渗性基本上是龙凤民俗独具的特点。

群体性

群体性是与个体性相比较而言的。民俗是众人参与的文化事象，群体性是民俗的基本特性，民俗，民俗，民之俗也。无论什么民俗，一定是群体行为，个体行为不构成民俗。

民俗的群体性表现在群体性心理认同和群体性行为参与两个方面。心理认同是行为参与的前提条件，行为参与是心理认同的外化。

群体可做小、中、大之分。相对而言，一个家庭、一个村镇、一个单位可视作“小群体”；一个民族可视作“中群体”；由五十六个民族组成的中华民族就是一个“大群体”，这个群体有十多亿人，占地球总人口的五分之一，是世界上最大的群体。

无论大群体、中群体还是小群体，龙凤民俗都有突出的表现。

就“大群体”而言，中华民族的绝大多数成员，无论生活在国内还是海外，大家都认同龙凤的中华民族文化标志的身份，即认为龙和凤（尤其是龙）是中华民族的象征和图徽。

歌曲《龙的传人》，是台湾音乐家侯德健 1978 年创作并首唱的，几十年来，这首歌传遍了地球上所有有华人居住的地方。中华儿女是人文意义上的“龙的传人”之说，得到了海内外绝大多数华人的认同。曾有人对“龙的传人”说提出质疑，认为在中国的史书典籍上找不到“龙的传人”的提法。这些人不明白：第一，尽管中国的史书典籍中没有“龙的传人”的概念，但“龙的传人”的观念最晚在两千多年前的汉代（甚至更早）就已产生，证据是汉代画像石上有伏羲、女娲的龙身像呈现。伏羲、女娲是中华民族的人文先祖，先祖是“龙”，后代自然是人文意义上的“龙的传人”。第二，更重要的是，“龙的传人”说已得到了华人群体的广泛认同，这个群体的成员是如此众多，从而使认同“龙的传人”这一民俗事象成为“既成事实”，即使极少数人不认同也无关大局——在这个问题上，通行的是“少数服从多数”的原则。

海外体育赛场上的“中国龙”啦啦队（华人助威团），中国演员表演的打击乐《中国龙》，中国生产的葡萄酒、汽车、舰船、工程机械等以“中国龙”“中华龙”“龙之子”等为名，都是龙民俗“群体性”的表现。即都以认可“龙”是中华民族的形象标志为前提，并以用“中国龙”“中华龙”“龙之子”等彰显、代表中华民族为荣耀。

苗族人首龙

“中群体”的龙凤民俗，如苗族的龙崇拜。龙在苗人的生活中主要是以保护神的身份出现，几乎每一个苗人都认为有一条龙庇佑着自己的村寨。苗族节日中的“白洗芦笙会”“龙船节”“祭桥”等等，都是以龙崇拜为主要内容的节日。出现在苗族服饰上的蛇

中国畲乡“三月三”吉祥物“凤妮”

身人首龙，与族祖崇拜有关，具有一定的图腾意义。按照苗族同胞的解释，这种龙分雌雄，赤面为雄，白脸为雌。其肚腹处被挖空一块作为透视点，内有两个小人。苗族传说，大地上开始出现的是龙身人首的乌基和代基，后来才有苗人的十二个宗支和一百四十八个姓。蛇身人首龙之外，苗族服饰上还有牛龙、狮龙、象龙、马龙、羊龙、鸟龙、蛇龙、蚕龙、猪龙、穿山甲龙、虹蛾龙、螟松龙、鱼龙、泥湫龙、螃蟹龙、树龙、花龙等。这些各式各样的生物龙，既展示了龙的容合性，也说明，对苗族而言，龙崇拜是群体性的、全民族的习俗。

又如畲族的“信凤凰”及“穿凤凰装”的习俗。传说有二：一是畲族的始祖盘瓠王因平番有功，高辛帝便把自己的女儿三公主嫁给他。成婚时帝后给女儿戴上凤冠，穿上镶着珠宝的凤衣，祝福她像凤凰一样给生活带来祥瑞。三公主有了女儿后，也把女儿打扮得像凤凰一样。当女儿出嫁时，有凤凰从广东的凤凰山衔来凤凰装送给她做嫁衣。从此，畲家女便穿凤凰装，以示吉祥如意。二是畲族一家母子，救了一只受伤的凤凰，凤凰伤愈后，为了报恩，给他们母子带来丰衣足食，还以自己头上的头鬃和尾巴，送给这家新娶的姑娘，并祝他们夫妻和睦永好。从此，畲族姑娘就有了凤凰装。并流传有“谁家有了凤凰，谁家就有了衣食、有了媳妇”之谚。畲族妇女的凤凰装分为未成年或婚前的女子穿的“小凤凰装”、结婚的女子穿的“大凤凰装”、老年妇女穿的“老凤凰装”多种。

如仫佬族的“凤凰护蛋”：传说很久以前，仫佬人居住的凤凰山下，飞来了一只金凤凰，生下了一只凤凰蛋。从此，仫佬人的生活一年变一个样，而且出了很多文武官员。天神知道了十分生气，认为不能让仫佬族出这样多的能人。于是派天兵天将，到仫佬山乡捕捉那只美丽的金凤凰，捣毁凤凰蛋。金凤凰与天兵天将进行了殊死的搏斗，打得他们七零八落。但在护蛋过程中，金凤凰不幸被暗箭射死，变成了今天的凤凰山，那只凤凰蛋变成了山前的哆罗岭。为了纪念金凤凰，仫佬山乡的村村寨寨，在少年儿童中广泛开展“凤凰护蛋”的民族传统体育活动。一般是在找一块稍平之地，画一个圆圈做“凤凰窝”，中间放三至五块小石头做“凤凰蛋”。每组六人，一人扮母“凤凰”，其他人是“天兵天将”。母“凤凰”双手撑地护“蛋”，左脚着地成俯卧姿势。“天兵天将”取“蛋”时，只要被母“凤凰”的右脚触中，就被取消夺“蛋”的资格。这一体育游戏以五分钟内能否夺完所有的“凤凰蛋”而断定胜负。

“小群体”的龙凤民俗，如广东雷州的起源于清朝光绪年间的“高跷龙”：此龙身长三十多米，用丝麻彩布镶亮片、绒球制作而成，由脚踩高跷的舞龙者舞动。舞龙者们头扎面巾，着开兜衫、穿灯笼裤，套路有串龙、摆龙、逗龙等，动作具有高难度。此龙舞只有生活在雷州南门一带的部分群众参与，故属于“小群体”民俗范畴。

地域性

民俗的地域性，是说某种民俗只在或主要在某片地域流行，其他地域没有，或罕有这样的民俗。地域性民俗多与该地域的山川风物、历史传说、民族衍迁、宗教传播等相关。

龙凤民俗的地域性是很突出的。

典型者如河北省赵县范庄镇范庄村于每年农历二月初二举行的“龙牌会”。此会的主题是纪念远古时期的共工氏之子勾龙。范庄人认为勾龙生于二月初二，在共工氏与颛顼因争地盘而战败后，勾龙率领部落来到了范庄一带。范庄人将龙牌视为勾龙的化身，称其为“龙牌爷”。龙牌会期间，要迎、祭、送龙牌，配合有背灯挎鼓、高跷、跑驴、武术杂耍等丰富多彩的文娱演出及经贸交流活动。这样的“龙牌会”只有范庄镇范庄村有，其他地方没有。

如广东省清远县的“凤传说”与“凤遗迹”。相传古时某年，清远地区暴雨成灾，北江水猛涨，淹没了清远县城。一个名叫张易的青年，划着小船，不但救出了一批批受淹的灾民，还救助了几只在一棵梧桐树上呼救的凤雏。当他把雏凤们放到小船上后，自己却因腿脚被藤蔓缠绕，加之筋疲力尽而被洪水淹没。不久，大凤凰飞回，发现小凤雏们已得救，救小凤雏的青年已牺牲，而更多的灾民还在洪水中挣扎，大凤凰就毅然扑入水中，让灾民通过其身体爬上高地。灾民们得救了，大凤凰却因体力不支而死去。死后，其头化作县城的三码头，凤背化为原县府一带，凤尾、凤翼分别化为松树岗、东门岗、西门岗。于是，清远县城便有了“凤城”之称。以此传说为依据，该县多有与凤有关的民俗事象。如“起凤里”街巷、“凤凰台”建筑、《凤凰城》戏剧等。

另外还有“凤望苍穹”屋脊（即在修建民居时，将房屋脊端塑造成凤凰扬首的形状），就只在陕西商州东乡一带流行。

“凤望苍穹”屋脊（陕西商州）

有的龙凤民俗，虽传承、流行于众多地域，如农历二月初二的“龙头节”，但在一些地方有其本地域的特色。山西省晋城市中庄的“二月二”庙会与一则传说有关：古时某年的二月初二，中庄上空忽然飘来一团乌云，随之，大风刮起，雷霆震响，一只天狗从乌云间窜出，叼着一只龙属神物——小麒麟往南而去。此情景被一张姓老翁看到，他一边大声呼喊：“快打恶天狗！快救麒麟子！”一边用弹弓发弹击打天狗。天狗中弹后，丢开麒麟，仓皇逃去。张老翁打天狗救麒麟的义举得到方圆群众的称赞。张老翁去世后，人们便在中庄南山腰修建了一座张公庙，庙内塑张公像，于二月初二这天，聚众赶会，祭奠张公，并以擂鼓、唱戏、杂耍等助兴。

传承性

传承是民俗的历时性要求，大凡民俗都具有传承性。某种文化事象、文化样态，如果只是昙花一现，像一阵风刮过，那它就还构不成民俗。

龙凤民俗的传承性可以从不同角度考察。

总体上看，龙凤从新石器时代早期起源，至今已有七八千年的历史，如辽宁阜新查海原始村落遗址，出土了约公元前6000年的石块摆砌龙；湖南洪江高庙文化遗址，出土了约公元前5800年的陶纹凤。七八千年来，历经新石器时代的“原龙”“原凤”、夏商周的“夔龙”“夔凤”、春秋战国至秦汉的“飞龙”“美凤”、魏晋南北朝至唐宋的“奔龙”“瑞凤”、元明清的“黄龙”“金凤”，直到现当代的“祥龙”“祥凤”，龙凤源流相接，根脉相续，从未断流，也从未掉链，这种情况，在世界范围内，都是不多见的。

产生于北非尼罗河流域的古埃及文明中断了，产生于西亚两河（幼发拉底河和底格里斯河）流域的古巴比伦文明中断了，产生于南亚印度河流域的古印度文明中断了，产生于中美洲丛林的古玛雅文明也中断了。唯有产生于中国黄河流域、长江流域、辽河流域的中华文明没有中断，历数千年风雨，至今依然光芒四射且生机勃勃。中华文明绵延不断的原因可能有多种，而龙凤所起的作用是积极的、不可或缺的，因为在中华文明起源、发展、成熟、演变的过程中，龙凤一直是参与者、见证者、助力者和标志者。

笔者曾将龙凤的精神总结概括为十个字：容合，福生，谐天，奋进，和美。这五种精神，在龙凤的起源之时，就已初步具备。比如容合，龙凤一开始，无论是辽宁查海摆砌龙，还是湖南高庙陶纹凤，都是因容合而产生、体现着容合精神的形象。随着时间的推移，龙凤的形象不断发展、演变，而龙凤的上述精神，却一脉相承，贯通古今。我们今天讨论龙凤民俗的传承问题，在笔者看来，最需要传承，并发扬光大的，正是龙凤的上述精神。

河南偃师二里头遗址出土的陶器残片龙纹

从形象上看，龙凤民俗的传承性也是显见的。如在河南二里头文化遗址发现的属于夏代的“陶器残片龙纹”和“大型绿松石龙”：前者其龙的三角形头部、细长弯转的身腹，明显地取自于蛇，显然是对东北红山文化、中原龙山文化蛇型原龙的传承；其梭形眼和圆形吻取自于猪，又是对东北红山文化猪型原龙的传承；其链状鳞纹、鳍须、短肢、五爪及边饰云雷纹等，又有鱼、蜥蜴、云的成分，又是对中原、西北仰韶文化鱼型原龙、蜥蜴型原龙的传承。后者其龙的蛇型身躯，显然是对东北红山文化、中原龙山文化蛇型原龙的传承；而其圆脸圆睛，又是对东南良渚文化、山东龙山文化虎型原龙，和西北仰韶文化鲵型原龙的传承。当然，这些传承，都不是简单的“照搬”，而是有取有舍的吸纳、综合。

流行于全国各地的二百多种不同样式、不同表演方式的龙舞，也是靠一代一代的传承才延续至今天的。如广东省南雄市珠玑古巷的巨龙，

河南偃师二里头遗址出土的绿松石龙形器

其龙长三百多米，重八百多千克，共九十九节——古巷有九十九姓，每姓一节，寓意九十九姓团结一致、和睦相处、邻里友好。据说此龙已传承了一千二百多年，丁亥年春节期间由一百二十多名舞者再次舞起，场面壮观，引起轰动。

还有安徽的凤阳凤画。相传源自明代初年，与朱元璋做了皇帝后将其家乡濠州改为凤阳府有关；当然也是凤阳人祈愿幸福、和谐、吉祥的一种美好形式。经过六百多年的传承，凤阳凤画形成了“蛇头，龟背，九尾十八翅，鹤腿，鸡爪，如意冠”的口诀，其画重彩工笔、靓丽炫目，寓意吉祥，雅俗共赏。下面两幅就出自凤阳凤画的两位优秀传承人之手。

凤阳凤画·百鸟朝凤（华荣生 绘）

凤阳凤画·龙凤呈祥（吴德椿 绘）

变异性

民俗的变异性是说民俗在传承的过程中，会因人（民俗行为的主体）、因地（民俗行为发生的空间）、因时（民俗行为发生的时间）不同而发生这样那样的变异。因为民俗行为的主体、民俗行为发生的地点、时间总是变化的，因而民俗必然会发生变异，传承的过程就是变异的过程。民俗的变异性实际上就是民俗的创造性、发展性。

龙凤民俗的变异性是显而易见的。总体上看，夏商周的“夔龙”“夔凤”是对新石器时代的“原龙”“原凤”的变异，春秋战国至秦汉的“飞龙”“美凤”是对夏商周的“夔龙”“夔凤”的变异，魏晋南北朝至唐宋的“奔龙”“瑞凤”是对春秋战国至秦汉的“飞龙”“美凤”的变异，元明清的“黄龙”“金凤”是对魏晋南北朝至唐宋的“奔龙”“瑞凤”的变异，现当代的“祥龙”“祥凤”是对元明清的“黄龙”“金凤”的变异。

几千年来，一些龙凤民俗早已与原生地、初创时的情形多有不同甚至大相径庭，从内容到形式都发生了变化。比如龙舟竞渡，其初创地大约在湖北荆楚一带，用意是纪念投汨罗江而死的楚大夫屈原；传到浙江吴越一带，变成了纪念越王勾践操练水师，打败吴国；传到湖南长沙一带，变成了纪念掌管雨水、为民造福的金角老龙；传到广东清远一带，变成了纪念战胜兴风作浪的黑豚精，化身为沙洲以阻挡洪水的巨龙；传到贵州黔东南地区，变成了纪念救助过当地群众的青龙，或舍身杀死毒龙的老人；传到甘肃临潭一带，变成了敬祀“五方行雨都大龙王”“西郊透山响水九龙元君”等五位龙神，竞渡的方式也因无水域可“渡”而变成了“竞跑”；甚至吃粽子也变成了吃一种形状类似粽子的“三角菜馍馍”。总体上看，当今的龙舟竞渡，纪念某人、某神的意义已经弱化，更多的是作为群众性娱乐活动，和有利于增强人民体质，培养团结奋进精神的体育运动而存在。

再如，凤凰本来是有雄有雌的，凤为雄，凰为雌，即所谓“凤求凰”，但在与龙对应之后，凤凰整体上就雌化了，变成了雌性、女性的象征。由此衍生了一系列民俗，如民间婚庆宴会上的“龙凤双喜”图案，如对下一代“望子成龙”“望女成凤”的期望，如将有男有女的双胞胎、多胞胎称为“龙凤胎”等。

龙凤民俗的变异性告诉我们，龙凤既是过去时，也是现在时，还是将来时；龙凤是开放的、不断纳新的系统；有什么样的时代就有什么样的龙凤，有什么样的人就会有什么样的龙凤，如果中华民族、中国人民与时俱进，龙凤也必然会与时俱进。

广渗性

广渗性是说龙凤民俗具有广泛渗透的特点，能够和任何一种民俗事象相融合。

中华大地是龙凤的故乡、龙凤的家园。龙凤民俗广泛地渗透到社会生活的方方面面。不管是建筑名胜、工艺美术、歌舞影视，还是岁时节令、婚丧礼仪、服饰冠履，龙凤都作为重要的组成部分，以盘旋、腾跃、翔舞、奋飞等多种形式，占据着醒目的位置，体现着不可或缺的文化蕴涵。人们通过雕塑书画，展现龙凤的形象，显示龙凤的神力；通过祭祀祈祷，召唤龙凤的神灵，传达龙凤的信息；通过著述文章，探讨龙凤的源流，索解龙凤的秘密；通过歌舞、竞技、影视剧作品，彰显龙凤的神性，焕发、弘扬龙凤的精神。

比如，龙凤与儒家、儒学的关系，就是互渗互融的关系。表现在——

儒教的创始人孔子有凤之比。据说，孔子当年带着五位弟子行走时，曾被老子看见。老子就问身边人：前边都是谁？回答说：子路勇敢、力气大，子贡有智谋，曾子孝顺父母，颜回注重仁义，子张有武功。老子听后感叹道："吾闻南方有鸟，其名为凤……凤鸟之文，戴圣婴仁，右智左贤。"(《艺文类聚》卷九十引《庄子》佚文)。《论语·微子》有记："楚狂接舆歌而过孔子，曰：'凤兮凤兮！何德之衰！往者不可谏，来者犹可追。已而，已而！今之从政者殆而！'孔子下，欲与之言。趋而避之，不得与之言。"这也是以凤比喻孔子。

在民间，则有《二龙五老》和《麟吐玉书》的传说。《二龙五老》言孔子诞生的前一天夜里，有两条苍龙绕着孔子母亲颜征在的住室盘旋，五位老人也从天而降。也有记载说孔子的母亲颜征在临产前，曾梦见两条苍龙自天而降，两神女手持香露从天空冉冉而来，给颜氏洗浴香露，同时天奏仙乐，不久，孔子便来到人间。孔庙《圣迹图》绘有《二龙五老》，图上的题词为：“鲁襄公二十二年十一月庚子孔子诞生之辰。有二龙绕室，五老降庭。”《麟吐玉书》载于《孔子家语》，言孔子出生之前，曾有龙族神物——麒麟走到孔家门里，吐出一部玉书，其文曰，“水精之子，继衰周而为素王。”颜征在以为是祥瑞，便以赤绂系于麒麟角，该麒麟在孔家住了一宿才离去。这两则传说当然都是后人为了增加孔子的神圣而编造的，但能够为龙渗入中国人的圣贤崇拜提供说明。

二龙五老图

孔子还开了将人间出类拔萃者比龙喻龙的先河。《庄子·天运》篇记载了这样一件事：孔子曾去拜见老子，归后三日不谈拜见之事。弟子问道：“夫子您去见老聃先生，难道就没说一些规勉的话吗？”孔子回答道：“你知道我见到什么了吗？我见到了龙！龙，合而成体，散而成章，乘着云气飞翔于阴阳之间。我惊异得张开了口却忘记了合，又怎么能规勉人家呢！”在《史记·老子韩非列传》中也有几乎相同的记述，末了，孔子还

麟吐玉书图

感叹道："吾今日见老子，其犹龙邪！"

龙凤是容合的产物，孔门学说也是容合的产物。比如儒家的核心理念"仁"，就有"爱人"（《论语·颜渊》）、"克己复礼为仁"（《论语·颜渊》）、"夫仁者，己欲立而立人，己欲达而达人"（《论语·雍也》）、"能行五者（笔者按：即恭、宽、信、敏、惠五种德行）于天下为仁矣"（《论语·阳货》）、"刚、毅、木、讷近仁"（《论语·子路》）等多种阐释，显然是一个体现着容合精神的概念。

中国改革开放以来，以龙凤命名的企业、产品、单位、组织、网站等如雨后春笋，多得简直数不过来——龙凤民俗的广渗性由此可见一斑。

孔子拜见老子（汉代画像石）

象征性

象征是用具体的事物、事象表现、喻示某种特殊的意义或其他事物、事象。

大凡民俗都具有象征性，如春节吃饺子、中秋节吃月饼象征团圆，逢年过节放鞭炮、敲锣鼓象征喜兴、辟邪，清明节扫墓、烧纸象征怀念、敬祖等。

龙凤民俗具有象征性是毋庸置疑的。不仅如此，龙凤民俗的象征性还大于一般民俗的象征性。如果说一般民俗是以 A，来代表、比喻、暗示 B 的话；龙凤民俗则是以 A，来代表、比喻、暗示 B，C，D，E，F，G……曾有一些人，因龙过去是帝王皇权的象征，就提出“弃龙”（即不再将龙作为中华民族的象征）的观点，其失误之一就在于只看到了 A 曾象征 B，而没有看到 A 除了象征 B 之外，还象征 C，D，E，F，G……显然，作为象征符号，龙凤不是封闭的、僵化的，而是开放的、发展的、充满生命活力的。我们中华民族发明、选择龙凤这样的象征符号，花了七八千年甚至上万年的漫长时光，它凝结着、寄托着亿万中国人的智慧和理想，如果谁能创造出一个新的能让全世界的华人都认可的象征符号，来代替龙和凤，从理论上讲，当然可以，问题是至今还没有出现。所以，对待龙凤文化，应取的态度是：研究、总结、弘扬其优秀的精华，批判、清理、剔除其落后的糟粕，再根据时代的需要，努力灌注、增添、创建与时代发展相吻合的新鲜内容。

龙凤民俗的象征性之丰富可以通过龙凤成语作以说明——

“龙”成语如：“龙马精神”象征人健旺的精神状态；“龙飞九五”象征即天子位；“龙驭宾天”象征皇帝去世；“龙胡之痛”象征丧亲之

痛；“龙兴云属”象征王者兴起、贤臣良将随之；“龙口夺粮”象征抢收庄稼；“龙化虎变”象征变化莫测；“龙蟠虎踞”象征地势雄壮险要；“龙虎风云”象征英雄豪杰际遇得时；“龙睁虎眼”象征蛮横霸道；“龙争虎斗”象征双方势均力敌；“龙江虎浪”象征惯于兴风作浪；“龙精虎猛”象征精力旺盛、斗志昂扬；“藏龙卧虎”象征潜藏的人才；“龙断可登”象征经营得利；“龙韬豹略”象征兵法；“龙肝豹胎”象征珍贵稀有的食品；“龙门点额”象征仕途失意或科场落第；“龙鸣狮吼”象征沉郁雄壮的声音；“龙蛇飞动”象征书法笔势遒劲生动；“龙蛇混杂”象征好人坏人混杂在一起；“龙跃云津”象征英才一步登天；“龙屈蛇伸”象征君子受屈、小人得志；“龙投大海”象征摆脱困境；“龙血玄黄”象征战争激烈、血流成河；“龙章秀骨”象征文采秀逸遒劲；“马如游龙”象征人马熙熙攘攘的景象；“叶公好龙”象征表面上爱好而非真正爱好甚至惧怕某种事物。

凤凰来仪（苗族剪纸）

"凤"成语如："凤凰来仪"象征上天示瑞；"凤凰于飞"象征男女和谐，婚恋美满；"凤凰在笯"象征有才能的人不能施展抱负；"凤毛济美"象征少而可贵的人；"凤毛麟角"象征珍贵而不可多得的东西；"凤靡鸾吪"象征人之死亡；"凤鸣朝阳"象征贤才逢时；"鸾凤和鸣"象征夫妻和谐；"鸾孤凤只"象征夫妻或情侣离散；"鸾飘凤泊"象征夫妻离散或怀才不遇；"鸾交凤友"象征有作为的人结成朋友或有情人结成伴侣；"鸾翔凤集"象征人才汇聚；"鸾翔凤翥"象征书法笔势飞动多姿；"麟凤一毛"象征珍贵稀少的细小的东西；"麟角凤距"象征珍贵而不实用的东西；"麟角凤嘴"象征特别尊贵稀见的东西；"麟趾呈祥"象征子孙多而贤能；"麟子凤雏"象征才德出众的年轻人；"鸦巢生凤"象征贫苦人家培养出了有才华的人物；"鸠集凤池"象征庸才占据重要位置；"鳏鱼渴凤"象征独身的男子急于求得配偶；"颠鸾倒凤"象征顺序失常或男女交欢；"百鸟朝凤"象征德高望重者众望所归。

龙凤呈祥（金属透雕）

"龙凤"成语如："龙凤呈祥"象征吉庆之事；"龙飞凤翔""龙兴凤举"象征帝王的兴起；"龙颜凤姿"象征帝王之相；"龙章凤篆"象征帝王的文章、诏书、赦令；"龙雏凤种"象征帝王后裔；"攀龙附凤"象征巴结、依靠有权有势的人；"麟凤龟龙""人中龙凤"象征品格高尚、出类拔萃的人；"龙跃凤鸣"象征才华出众；"龙驹凤雏"象征英俊聪颖的少年；"龙潜凤采"象征英俊之士才能未能展现；"龙蟠凤逸"象征怀才不遇；“龙章凤姿”“龙章凤采”“龙眉凤目”象征神采非凡，仪表出众；“龙生龙，凤生凤”象征有才能的人后代也有才能；“龙飞凤舞”“龙飞凤翥”象征气势奔放雄壮或书法笔势有力活泼；“龙肝凤髓”“龙肝凤胆”“龙心凤肝”象征特别珍贵的食品；“龙言凤语”象征轻松悠扬的音乐之声。

第九章 龙凤民俗与国人心理

任何民俗都与人的心理有关，都是人的心理活动的外在化和形式化。龙凤民俗也不例外，它们反映着中国人飞升、尚和、求福、彰力、爱美、重情、崇德、惜才等心理。

飞　升

龙凤都有“好飞”的特点。

龙之好飞，原因有这么几条：一是作为龙的容合对象，云、雷电、虹霓等本来就是飞腾在空中的天象；二是鱼、鳄、蛇等在水中潜游之快，鹿、马、牛等在陆地上奔跑之速，都类似于飞；三是鸟类也是龙的容合对象；四是古人由于思维的模糊性，往往将潜游于水中的鱼、鳄、蛇等，奔跑于陆地上的鹿、马、牛等，和飞升腾跃在空中的鸟类及云、雷电、虹霓等看成一个神物的不同表现，从而认为龙能在水中游、地上跑，也就能在天上飞。

好飞的特性，使龙很自然、很方便地成为某些神仙、圣杰、帝王的乘御对象。新石器时代的濮阳西水坡墓葬中就有人乘龙的蚌砌图像，战国长沙弹子库楚墓出土有“人物驭龙帛画”，汉代画像砖上有“仙人乘龙图”，北魏墓葬石刻上有“神人御龙图”，敦煌莫高窟有唐代“神人乘龙壁画”。文献中有关乘龙、驾龙、驭龙的记载就更多了。如夏后开

"乘两龙"，东方句芒"乘两龙"，西方蓐收"乘两龙"，南方祝融"乘两龙"，北方禺强"乘两龙"。(均见《山海经》)"黄帝合鬼神于西泰山之上，驾象车而六蛟龙"。(《韩非子》)"乘龙兮辚辚，高驼兮冲天""驾八龙之婉婉兮，载云旗之委蛇""为余驾飞龙兮，杂瑶象以为车"(屈原《九歌》)等。

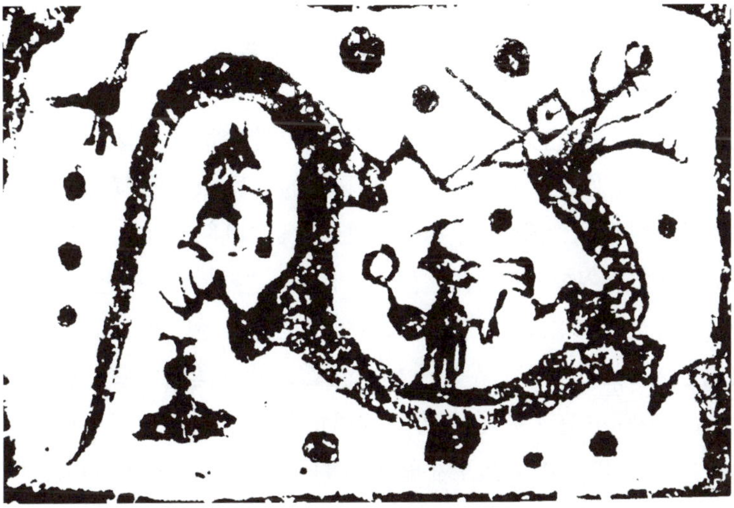

仙人乘龙图(汉代画像砖)

"好飞"必然"通天"，因为飞的方向和域界，自然是、也只能是神秘、辽阔、至高无上的天空。《洪范·五行纬》言："龙，虫之生于渊，行无形，游于天者也。"《易通卦验》说："立夏风至而龙升天"。《论衡·龙虚篇》讲："世谓龙升天者，必谓神龙。不神，不升天；升天，神之效也。"

早在浙江余姚河姆渡遗址出土的黑陶双耳盆上，就有将鱼藻纹和鸟纹刻画在一起的图案，陕西北首岭遗址出土的凤鸟鱼龙纹，也将天上飞的凤鸟同水中游的鱼龙联系起来，这就透示出，早在新石器时代早期，龙的多元容合之初，龙就开始有了通天的意味。后世的许多建筑雕刻、绘画，人们都让神龙出现在浩渺无垠的昊天云气中，如北京故宫的云龙望柱、天坛的云龙石、孔庙的戏珠飞龙等。

龙能够潜游于水、行走于地，又能飞升于天。于是，龙就具备了沟通天地，做天地间的桥梁和信使的能力。那些君主帝王们之所以以龙自比，其根本点就在于瞅准了龙通天的神性和充当天地间桥梁、信使的能力。

凤之好飞，不必多做解释，因为凤的容合对象以鸟禽为主，而鸟禽，都是长翅膀的，长翅膀自然是为了飞翔。而鸟禽们一旦展翅飞起，必定在天、达天、通天。正像一首歌唱的那样："只要有翅膀，就会有飞翔；只要有飞翔，就会有天堂。"

凤之通天，早已为古人所观察和论述。《论语摘衰圣》言凤有"六像"，其第一像便是"头像天"，接下来的"目像日""背像月""翼像风"等，都可谓天之象。《诗经·大雅》言"凤凰于飞，翙翙其羽，亦傅于天"，这个"傅"字，在这里为"附着""挨着""挨近"之意。《韩诗外传》讲得要形象些："夫凤凰之初起也，遥遥千里，藩篱之雀，喔咿而笑之，及其升少阳，一屈一伸，辗转云间，藩篱之雀，超然自知不及远矣。"还有贾谊《吊屈原赋》："凤凰翔于千仞兮，览德辉而下之。"而《庄子》，就讲得更夸张了：鹏（凤的容合对象）"之背不知几千里也，怒而飞，其翼若垂天之云……抟扶摇而上者九万里"。其他如"王者上感皇天，则鸾凤至"（《春秋感精符》）"天枢得则凤凰翔"（《春秋运斗枢》）等等，也都隐喻着凤凰通天的神性。于是，《韩诗外传》总结说：凤能"究万物，通天地"。

凤凰通天的神话、仙话也有不少。如记载于《太平广记》引《仙传拾遗》中的襄阳人"蔡女仙"——其人自幼心灵手巧，擅长刺绣，颇得邻里们夸赞。有一天，忽有一老翁来蔡女家，请她绣一对凤凰。并说绣成之日，他会来指导云云。几天后，蔡女将凤凰绣成，果然五彩焕然。老翁即来，教蔡女为凤凰安上眼睛。俄而完工，凤凰当即腾跃飞舞。于是，老翁便同蔡女一个乘凤、一个乘凰，升天而去。《太平广记》引《续仙传》中，还记有"有五云盘旋，仙女奏乐，白凤载玄静升天"之事。

出土的帛画、壁画上有反映龙凤通天者。如出土于在长沙南郊陈家大山楚墓的《龙凤人物帛画》，其画面描绘的，就是一个细腰长裳、仪态端庄的女子，在一只展翅欲飞的凤鸟和一条足爪划动的青龙的导引下，准备飞上天国的情状。洛阳面粉厂西汉墓出土的《卜千秋墓壁画》，描绘的是女墓主捧鸟乘三头凤、男墓主持弓乘龙升天的景象。

乘三头凤升天图（汉墓壁画）

在古人的心目中，高渺神秘宽广的天，往往是和世间红尘相对应的理想的居住地，那里无束无缚，无压无迫，不用为衣食住行发愁，自由而自在。所以，人类自从有了精神生活以后，就有了“飞升”的心理，即幻想着超越自身的局限，摆脱世俗的、困苦的、被限定、被压迫的生活，飞腾、翱翔到高渺阔远、可以充分释放自己的天界仙国里去。

龙凤民俗一定程度上反映了这样的渴望“飞升”心理。

尚　和

“尚”有“尊崇”“注重”之意；“和”有“和谐”“和平”“和睦”“和善”“和乐”等意，那么，“尚和”，就是尊崇和注重和谐、和平、和睦、和善、和乐。

“和”是中华文化的核心理念之一。古代的先哲们把“和”作为做人的基本、立论的基础和理想社会的至高境界。他们从不同的角度探讨、阐述过“和”。如“和实生物”(《国语·郑语》)、“和而不同”(《论语·子路》)、“和为贵”(《论语·学而》)、“万物负阴而抱阳，冲气以为和”(《老子》)、“和合故能习”(《管子集校》)、“离散不能相和合”(《墨子间诂》)、“发而皆中节，谓之和”(《礼记·中庸》)、“保合太和，乃利贞”(《周易集解》)，等等。秦汉之后，道、儒、佛三家，逐渐构成中华文化大厦的三根支柱，而这三家的思想，以其理论侧重而论，似乎都可以概括为“和”：道家主要讲“天道自然之和”，即“天和”；儒家主要讲“人伦道德之和”，即“人和”；佛家主要讲“心性觉悟之和”，即“心和”。

龙凤反映着、体现着中国人“尚和”的心理。

第一，与天和。龙凤的容合对象，来自自然界，作为宇宙自然力的形象化、符号化和审美化，龙凤和自然界，也即我们讲的“天”，是枝与根、花与木、乳与水、云与气的关系，想不和谐都不行。

第二，与人和。龙凤的容合，当然是由人来完成的，它反映的是人的宗教感悟、生命体验、理想追求、精神期待和审美意愿，那么，与人和谐，就是龙凤立身的情理中事。

第三，自身和。龙凤集纳了取材对象的种种优长，龙凤的容合过程实际上是将美的元素，按照美的规律，重新组合的过程。龙凤的取材对象们本来就各有其美、各呈其和，容合后更是美美益美、和和益和。

第四，龙凤和。作为传统文化的两翼，龙和凤从两个不同的方面展现着中华文化的基本品格：龙代表着合力奋进、刚健有为的一面；凤则代表着和美仁爱、灵慧福生的一面。自远古到当今，龙凤习俗都因体现着“阴阳和谐”的理念而互渗互补、相辅相成。

和，当然不能理解为“和稀泥”式的一团和气。笔者认同“利和”“竞和”“法和”的观点。所谓“利和”，就是对大家都有利的和，即双赢、多赢、共赢的和，而不是只对一方有利的和。所谓“竞和”，就是鼓励出类拔萃、你追我赶向前进的和，而不是不分优劣，或把先进拉下来，让大家都停留在落后层面的和。所谓“法和”，就是讲法制、讲秩序的和，而不是无法、无序的和。

无论是“利和”“竞和”还是“法和”，龙凤都可以提供解释。就“利和”而言：龙凤是由“合”而“和”的。龙凤的“合”具有多元性，“合”起来的龙凤，兼顾了参与容合的每一“元”的利益。就“竞和”而言，龙凤的身上，本来就有开拓奋进、出类拔萃，即竞争图强的理念。就“法和”而言，龙凤形象的创造和演进，是符合造型规律和审美原则的，是有法有序之和。

龙凤和（清代粉彩盘）

求　福

一个人来到世上，总希望能够平安顺畅地度过一生，谁也不愿意灾难不断祸事连绵，甚至中途夭折。一个家庭，一个民族，一个国家也是如此。作为民族大家庭的一分子，谁都希望自己这个民族能够健康发展，以至于繁荣昌盛，堂堂皇皇、昂昂扬扬、体体面面地走到世界民族之林的前列，谁也不愿意看到自己民族在发展的道路上荆棘丛生，贫困有加，灾难深重，败象环生。

因此，于人，于家庭，于民族，于国家，求福都是一种普遍的心理。尽管祈求归祈求，实际归实际。人们也大都明白：事物有自己的运行规律，往往并不按照人们的愿望来，求，未必都能求得到。但大家还都在不停地求，以种种不同的方式求，足见求福是一种与人的生命同时到来的心理，谁也去不掉的。

龙凤福（当代木雕）

何谓福？“福者，备也。备者，百顺之名也，无所不顺者谓之备。”这是《礼记·祭统》的解释了。按笔者的理解，福有善、顺、平安、健康、富裕、通达多种含意。总之是天下好事滚滚来，人间祸害速速去，便是福。

中国人有求福的传统。《尚书》中讲的“五福”（一曰寿，二曰富，三曰康宁，四曰攸好德，五曰终考命），便是对这种传统的比较早的记录。丰富多彩的吉祥图案，如《松鹤延年》《梅献五福》《椿萱并茂》《岁寒三友》等，耳熟能详的吉祥用语，如“四季平安”“一帆风顺”“寿比南山”“举家欢乐”等，以及以“求福”为主要目的的相命、占梦、风水、养生等“中国神秘术”，也都从古到今，流传了几千年。

龙凤的出现，为求福心理的满足，提供了一个形象化的兼有艺术审美功能的对象。笔者说过，龙凤有通天、征瑞、显灵等神性，这些神性使龙凤成为古人心目中的吉祥之神、嘉瑞之征。那些想当皇帝和已经当了皇帝的人，都盼着龙凤能青睐自己、关照自己，以至于编造一些见龙、见凤的神话。一般的普通老百姓，也都愿意和龙凤沾沾边。人们相信，如果能见龙、见凤，或者在生活中能发生些与龙凤有关的事情，都会给自己、给家庭、给族众，带来所盼望的或意想不到的种种好处。

这方面的例证很多。《夷坚志》里记有这样一个故事：泉州南安县学前有溪名黄龙。某年一鹿姓地方官路过其地，闻路人喧呼，问知曰“黄龙溪上龙见”，遂下轿观看。但见“波澜汹涌中，一物高数丈，崭然头角，出没其间。须臾雷声大震，烟雾蔽蒙，腾空而上，人多有见其尾者。鹿某为之骇愕，知此地必有嘉祥”，于是就赋诗勉励当地诸生，曰：“鸡渡已符当日谶，龙溪仍见此时祥。”士大夫多属和。第二年朝廷科举选士，该县即有人考中榜眼。据说，同样的事情以前还发生过一次。作为生物的龙，当然不会存在，鹿某及南安县人所见之龙，大概是鳄或其他什么水生动物。而此事的意义在于，人们将“龙见”与科举选士联系在一起，相信县中人考中榜眼，是“龙见”之福。

福建潮州有《凤凰山》的传说：很久以前，有一只金凤凰，在山窝里下了两只蛋，孵化成两只雏凤凰。这两只凤凰经过修炼而得道，化成两位俊俏的姑娘，排涝、除旱、治瘟疫……哪里有灾难，哪里就有她们的身影。她们一出现，百姓就得安宁。于是，人们就把她们显圣赐福的山叫作“凤凰山”。

彰　力

1999 年 10 月 1 日的国庆庆典上，有九条欢舞前行的金色巨龙特别引人注目。行到天安门广场观礼台前，舞龙队突然加速，由徐缓而快跑，只见龙身翻卷如激浪滚滚，龙头高昂如山岳耸天，“哈！”“嗨！”的呼声让人热血沸腾，全场气氛一时达到高潮。

事后，年轻的舞龙手对采访他的记者说：“我要让全世界人民都看见中国龙的活力！”这句话，不但说出了这位舞龙者的心理，也说出了一个民族的普遍心理。

没能力没本领就不说了，如果有能力、有本领，无论如何都是要显一显、露一露的，只是显露的方式有所不同罢了。一个人是这样，一个团体、一个国家、一个民族也是这样。春秋时的齐桓公，任管仲为相，厉行改革，致国力大振，于是九合诸侯，开大国争霸局面，并成为首位霸主。接下来的宋襄公、晋文公、秦穆公、楚庄王、吴王阖闾、越王勾践等，也都以国力强盛并及时彰显而称霸。明代的郑和下西洋，一个重要的动机便是彰显明朝的国力。

龙是力量的象征，它集中了动物界的力，和自然天象的力。在动物界中，湾鳄、鲨鱼、巨蜥、河马、野牛等，都是些力大无穷，神秘非凡，让古人一再恐惧的生灵；而自然天象中的雷电、暴雨、海潮、泥石流、龙卷、江河泛滥等，也都常常以摧枯拉朽、所向披靡的巨大力量让古人敬畏不已。由这些动物和自然天象参与容合的龙，其力量怎么会小呢？

古代皇帝为什么要穿龙服？各村寨到了端午节为什么要龙舟竞渡？一个重要因素便是为了彰力。穿龙服的心理是这样的：你们看，龙的形象就是我的形象，龙的力量就是我的力量；我已如龙，已将龙之威力备于一身。至于龙舟竞渡，那就更是一个个村寨直接的力量的较量和显示了。

奋力争先（李汉林 摄）

爱　美

爱美之心，人皆有之。世界各民族都爱美，中华民族更爱美。

早在旧石器时代，我们的祖先就懂得用兽骨、羽毛、奇石来装饰自己了，也就是说，已经开始爱美了。他们对形体的光滑规整和色彩的鲜艳明亮有了初步的朦胧的认识和运用，山顶洞人遗址中发现的磨制光滑、钻有孔眼的微绿色鸡心状小砾石，和穿了孔的狐、獾、鹿等动物的犬齿、骨管等装饰品——这些装饰品的穿孔几乎都呈红色，说明被矿物质染过，便是一证。内蒙古阴山和乌兰察布早期岩画中，出现了驼鸟、大角鹿和披毛犀等动物图案，这些动物尽管后来消失了，但却反映了我们的祖先对形式美的初始的、自然的把握。

五彩龙凤（台湾济慈宫）

龙凤起源于新石器时代早期。龙凤的容合过程，既是美的素质不断集纳、不断化合的过程，同时也是中华民族审美意识不断升华、不断结晶的过程。尤其是作为百鸟之王、羽族之美的凤凰，几乎就是为美而生、为美而在、为美而鸣、为美而飞的。中华民族的爱美之心、尚美之意、喜美之情，全都艺术地、绝妙地、精彩显亮地反映、寄托、对应在凤凰的身上了。后世至现今的凤之美自不待说，就凤的一些早期图案而言，看上去就颇具美感：北首岭仰韶文化细颈瓶上的凤纹，比例适当，图样清秀；余姚河姆渡文化骨匕上的双头凤纹，成双成比，均衡对称；殷墟妇好墓商代玉凤，颀长秀媚，婉约典雅；战国漆器彩凤多姿多彩，飘洒奔放；汉代石刻凤雀，浑朴粗犷，气象雄大……

美的定义、美的内涵，学界多有争议，观点纷纭，但不管哪种观点，龙凤都能成其为注脚。比如，西方中世纪的美学家圣托马斯认为美有三个因素：第一是完整或完美，第二是适当的比例或和谐，第三是具有鲜明的色泽。龙凤完全符合这三个要素，对它们的喜爱，充分表现了中华民族爱美的心理。

重　情

龙凤是爱情的象征，从宫廷到民间，自古以来，就有男比龙、女比凤，男女结合“龙凤合璧”“龙凤和美”“龙凤呈祥”之说。

典型的故事如《笙箫引凤》：春秋时，秦穆公有女小名弄玉，姿容绝世，擅长吹笙，自成音调，其声宛如凤凰啼鸣。某天夜里，弄玉在“凤楼”上吹笙，远远好似有箫声相和传来，余音美妙，如游丝不断。此后弄玉茶饭不思。秦穆公知道后派人从华山找来了吹箫的少年萧史，弄玉的病不治而愈。从此，弄玉天天在凤楼与萧史合奏笙箫，伉俪应和。某天夜里，两人正在皎洁的月光下合奏，忽然有一龙一凤应声飞来，于是萧史乘赤龙，弄玉乘紫凤，双双翔云而去。

箫史弄玉图（民间绘画）

再看一则题为《龙凤沟》的传说：葛老汉有独生女名秀凤，以绣凤凰出名。财主张宽的儿子张狗子纠缠秀凤，遭到痛骂。张狗子与乃父设计让秀凤到其家做绣活，趁机纠缠。年轻穷秀才马龙打抱不平，替葛家写诉状，支持葛老汉到衙门去告张家父子。没想到，在官司未明之时，葛老汉便一气而死。临终前，葛老汉将秀凤许配马龙为妻。张家闻知，设计毒死了马龙，秀凤见马龙被害，万分悲痛，也上吊而死。乡亲们将其葬在一起。第二年春暖花开时节，有人发现他们的墓旁，有马蹄窝和大鸟爪印，又有人看见有一匹红缨白马背上驮着一只金凤凰，在树林里奔跑。人们说白马是马龙的化身，金凤凰是秀凤的化身。于是，便将其居住的林旁水溪取名为“龙凤沟”。

不光龙凤可喻情，凤凰本身也是情的象征。春秋时齐国大夫懿仲，欲将女儿嫁与陈完，其妻卜一卦得“吉”，卦辞中有“凤凰于飞，和鸣锵锵”一句。意思是：凤与凰成双结对地飞行，一唱一答和睦相亲。之后，人们便用“凤凰于飞，和鸣锵锵”来喻夫妻和谐。到了汉代，发生了文学青年司马相如与富家女卓文君《凤求凰》的故事，所谓“凤兮凤兮归故乡，遨游四海求其凰……何由交颈为鸳鸯，胡颉颃兮共翱翔……”遂成一代爱情佳话，被后世谱曲、作剧以颂扬。

再看《鸟吊山》的传说：白族小伙春生爱上了同村姑娘桂花，两人筹办婚事之时，赵姓土司看上了桂花，要纳其为妾。桂花宁死不从，被土司抢去关进土牢。春生夜潜土牢，救出桂花，两人逃奔到天马山上。土司带人随后追来，将他们团团围住。春生和桂花见逃不出去，就双双缢死在山顶。土司叫人布干柴焚烧两人尸体，一对金凤凰从大火中飞出，一直飞到罗坪山顶。不幸又遭遇了一场暴风雪，金凤凰双双冻死，死后化为两朵彩云，一团为雌凤所变，飘向北方，一团为雄凤所变，飘向南方。每到农历七八月间，两朵彩云又从南北两个方向飘来，在罗坪山顶上会聚。这时候，天下众鸟都纷纷飞来，凭吊这对为爱情而献身的凤凰，此山也就被称作“鸟吊山”。

毫无疑问，龙凤、凤凰能成为爱情的象征和喻体，正是“重情”这一民族心理的艺术化。

崇　德

龙凤都是“秉德”的神物。孔子晚年喜好《周易》，曾投注精力和智慧加工整理《易传》。这期间，他提出了有关“龙德”的一系列重要观点，如：“二三子问曰，‘《易》类称于龙，龙之德何如？’孔子曰，‘龙大矣。’”[35]孔子所讲的“龙德”，实际上就是正人君子之德，也即谐天利人、广施普惠、追求中正、懂得进退的理想之德。而凤也有首“戴仁”、颈“缨义”、背“负礼”、胸“向智”、足“蹈信”之说。

龙凤之“秉德”，是中华民族“崇德”心理的反映。自古以来，中国的劳苦大众都推崇、爱戴和敬仰那些正直、高尚、雅洁、通达、智慧、爱人的有“德”之士，将他们尊为贤者、圣人。两千多年前的孔子，一生清贫俭朴，且屡受困厄，却大力提倡且身体力行“仁者爱人”“有教无类”“和而不同”“三人行，必有吾师焉”，等等，可谓高行昭彰，圣德被世，因而被人们以凤为比。而那些以天下为公、勤政爱民、虚心纳谏、从善如流、推行“仁政”“德政”的君主帝王，当然也是劳苦大众推崇、爱戴和敬仰的对象，人们称其为“圣王”“明君”，很自然地将龙凤与他们联系起来，所谓“黄帝龙颜”“德至鸟兽凤凰翔”，等等。

“德”是一个内涵复杂的概念。有“道德”“品德”“恩德”“德行”“德性”等多种解释，有关的词语还有“德风”“德色”“德泽”“德音”“德望”“德治”“德政”“德育”等。个人修养，讲“品德”“德行”；统治者施政，讲“德治”“德政”“德育”；而一个社会用来调整人与人之间、人与社会之间各种关系的伦理规范，就是“道德”了。显然，龙凤身上所体现的民族心理

五伦图（清）

“崇德”，其所崇之“德”，主要指个人修养上的“品德”“德行”，和统治者施政上的“德治”“德政”。

从个人修养的层面上讲，“德”的要点可多到十种：仁、义、智、信、忠、诚、孝、敬、公、廉。“仁”是“爱人”，有恻隐之心，同情人，关怀人，把人当人；“义”是重“情谊”，讲“义气”；“智”是悟性高，多智慧；“信”是讲信用，不骗人；“忠”是尽心竭力，鞠躬尽瘁；“诚”是真心实意，心志专一；“孝”是善事父母；“敬”是不怠慢他人；“公”是公平公正，光明磊落；“廉”是清正不贪，拒绝腐败。只要其中的“忠”不至于“愚”，“义”不至于“昧”，“智”不至于“奸”，“孝”“敬”不至于乖人性、悖人道，这“十德”，只要大体上做得到，便是应当受到普遍尊敬的“有德”之人，被人以龙凤作比也是无愧的。

惜才

龙凤和人间才俊关系密切。古代的神话英雄、贤明君王多有龙凤的瑞兆、喻比，甚至化身为龙凤。如：“盘古之君，龙头蛇身”（《五运历年纪》）；伏羲“长头修目，龟齿龙唇”（《拾遗记》）；“黄帝龙颜”（《论衡·骨相》）、黄帝“自以为云师，有龙形”（《列仙传》）等。而尧帝有“凤中之王”的美誉，有“一凤升天，四凤齐鸣”的传说。传说舜帝曾命人作《九招》等韶乐，“以明帝德”。而每当他亲自演奏时，常会有五彩的凤凰飞来伴舞伴唱。后来，有恶徒暗地放火，欲置舜于死地，而舜却在大火中化作一只凤鸟扶摇飞去。

历代名人中不乏与龙凤有缘者，如先秦的老子就曾被孔子以龙相比，有“其犹龙邪”之叹，而孔子则被老子比作凤，墨子被认为是“凤凰转世”，孟庙的修建与宋朝皇帝的“凤梦”有关，东周时的王子乔吹笙引凤，战国时的扁鹊被描绘成凤的形状，东汉时的辛缮隐居获凤，同时代的徐稚弹琴引凤，三国时的诸葛亮、庞统分别有“卧龙”“凤雏”

王子晋吹笙引凤画像镜（唐）

之号，魏晋时的嵇康比称“卧龙”，唐代的杜甫自言“七龄思即壮，开口咏凤凰”，宋时宋白、贾黄中、李至、吕蒙正、苏易简五人同时官至翰林，扈蒙赠诗称“五凤齐飞入翰林”，等等。

平民百姓中德才过人者也常有龙凤之比。如《履园丛话·科第》载，浙江归安有胡某生四子：长元龙，次跃龙，三虬龙，四见龙，俱中武进士，“大江以南所罕见”，故称“胡门四龙”。如《送子来凤桥传奇》：某青年被朝廷兵将追杀，男艄公及时摆渡相救，自己却被乱箭射死。后某青年做了将军，前来渡口谢恩，欲留百金给女艄公，女艄公坚辞，说若一定要谢，就修一座桥。桥成之日，将军欲以男艄公名字命名，女艄公不同意。此时恰好有五彩鸟飞来，绕桥欢叫，于是起名“来凤桥”。数月后，女艄公生下遗腹子，当地人说，此子因艄公夫妇积德而来，于是又将此桥称为“送子来凤桥”。

许多“龙凤典故”都与“昭示德才”相关。如以“龙凤”喻贤才，以“龙驹”喻聪颖的儿童，以“龙飞”喻得志或升官，以“龙头”喻状元，以“龙蟠”豪杰之士隐伏待时，以“龙盘凤逸”喻才能非常而未为世知之人，以“龙跃凤鸣”喻才华出众，以“一龙一猪”喻贤与不肖，以“飞龙乘云”喻英雄乘时而得势，以“凤德”比人之盛德，以“凤穴”喻文才荟萃之所，以“凤藻”言美丽的文辞，以“凤举”颂高尚的举止，以“鸣凤”喻风骨、文采兼备，以“凤毛麟角”说珍贵稀见的人物，以“丹凤朝阳”比喻贤才得天时，以“打凤捞龙”喻寻找、物色难得的人才，等等。而“成龙成凤”“鸡窝里飞出金凤凰”，就更是人们祝辞赞语中常引用的话了。因此，可以说，龙凤是可以被用来“昭德示才”的，龙凤的这一功能，是中华民族“惜才”心理的反映。

第十章 龙凤民俗的功能效应

所谓龙凤民俗的功能效应，简单地说，就是龙凤民俗在社会生活中的地位和起到的作用。本章从“标志文化”“彰扬精神”“凝聚华族”“繁荣经济”四个方面进行简要的考察。

标志文化

我们说，龙凤是中华民族的文化标志，理由有四——

第一，龙凤标志着中华民族文化的起源、初成和成型。

新石器时代是中华民族文化的起源和初步形成期，这个时期出现了多方位、多地点发生的简单、粗糙、质朴的原龙原凤；夏、商、周是中华民族文化的进一步形成期，这个时期出现了进一步容合的神秘、抽象的夔龙夔凤；春秋战国至秦汉是中华民族文化的成型期，这个时期出现了基本定型的粗犷、雄健的飞龙美凤。没有哪一种动物或神物能够像龙凤这样伴随、参与、见证中华民族文化从起源到形成的全过程。也就是说，如果要给中华民族文化的形成过程寻找标志物的话，非龙凤莫属。

第二，龙凤可以标志中华民族文化的核心内容。

中华民族文化博大精深，内容极为丰富。一般认为，儒道两家的学说是中华民族文化的核心。而龙凤的精神底蕴与儒道两家学说的精髓有内在的一致性，故龙凤可以作为这两家学说的标志。比如，容合即兼容、包容、综合、化合，是龙凤的排在首位的基本精神，而儒、道两家的学说都是容合的结晶。儒家的核心理念“仁”，道家的核心理念“道”，都是容合性概念。

第三，龙凤可以标志中华民族文化的现在和未来。

龙凤是开放的、与时俱进的智慧系统，当今一些公认的文明理念，如自由、民主、平等、博爱、人权、法治、公平、正义、科学等，龙凤都可以接受、吸纳、容合，龙凤不但能“承古”“萃古”“炼古”，而且能“开新”，完全能够随着中华民族的前进脚步而前进。也就是说，龙凤不仅是“过去完成时”，还是“现在进行时”和“将来进行时”。

在笔者看来，当今的中华民族，在传承、弘扬“容合龙凤”“福生龙凤”“奋进龙凤”“和美龙凤”，清理、抛弃“帝制龙凤”“灾祸龙凤”的同时，完全可以创建、新增“文明龙凤”“科学龙凤”“生态龙凤”等。这“容合龙凤”“福生龙凤”“奋进龙凤”“和美龙凤”属于“承古”，“文明龙凤”“科学龙凤”“生态龙凤”则属于与时俱进的“开新”。

第四，龙凤作为中华民族文化的标志已得到海内外华人的广泛认同。

曾任中国国务院副总理的钱其琛先生曾言：“在中华民族诞生发展的长河中，由于繁衍生息在共同的区域，有着共同的奋斗经历和共同的风俗习惯，就产生了共同的文化标志以及强烈的认同感。”“海内外华人都会认同中华文化中龙与凤的文化标志。这些形象很容易唤起海内外华人共同的民族感情。”[36]

的确如此，中华民族发明和选择龙凤这样的文化标志，花了七八千年甚至上万年的岁月，它凝结、寄托着历朝历代、亿万中国人的智慧和理想，体现着五分之一地球人的心理认同。其产生时间之久远，认同人数之众多，都是世界其他民族不可比肩的。

而民族的文化标志是民族的身份卡，是一个民族区别于其他民族的图像徽帜。民族文化标志的形成有不同的途径，形成的时间也有长有短，但一旦形成，就具有凝练性、恒久性和不易（也不宜）变更性。

中华民族对龙凤文化标志的认同，以及对其重要性的认识已为事实所证明。

北京天安门城楼上的国徽和金龙和玺彩画

2005 年 8 月 16 日，国家文物局正式公布，采用四川成都金沙遗址出土的“四鸟绕日”金饰之“太阳神鸟”图案，作为“中国文化遗产标志”。太阳神鸟就是凤凰，凤凰就是太阳鸟、太阳神鸟。公布词称，此图案“所表达的追求光明、团结奋进、和谐包容的精神寓意，彰显了中国政府和人民保护祖国文化遗产的强烈责任心和神圣使命感。以此作为中国文化遗产的标志，体现了中华民族传统文化强烈的凝聚力和向心力，表现了中华民族自强不息、昂扬向上的精神风貌。”

2006 年 10 月，中国体操队选定绣有中国龙的“龙魂”系列服装作为唯一指定的专用礼服。

2006 年 11 月 13 日，中国文学艺术界联合会第八次代表大会和中国作家协会第七次代表大会在北京人民大会堂召开联欢晚会，在京的中共中央政治局成员全部出席，国家主席胡锦涛亲自为出场表演的舞龙点睛（笔者是中国作家协会第七次代表大会代表，亲眼目睹）。

2007 年 1 月 31 日，中共中央文明办和国家旅游局联合召开新闻发布会，公布“提升中国公民旅游文明素质行动计划”的统一标志，标志由汉字“文”“龙”“长城”等元素构成。其对龙的阐释是：“龙的形象象征了中国悠久的文化历史，具有亲切感，易于传播；动态的龙，表达了全民行动，投入到提高旅游文明素质行动计划中来”。[37]

中国文化遗产徽标

2007 年 2 月 18 日，丁亥年正月初一，国家主席胡锦涛在甘肃兰州小西湖公园与市民们一起游园，他拿起画笔，同小学生一起，“画了一条腾飞的龙，祝愿祖国蒸蒸日上”。[38]

“提升中国公民旅游文明素质行动计划”标识

2007 年 3 月 27 日，2008 奥运会奖牌设计方案公布，奖牌上镶嵌的玉璧取自中国古代龙纹玉璧的造型、奖牌挂钩由中国传统双龙蒲纹璜演变而成。

2008 年 8 月 8 日，第二十九届奥林匹克运动会在中国首都北京举行。开幕式表演中，三十二根龙柱高高耸立，雄伟壮观。北京奥运会主场馆火炬台的造型取意“凤回巢”：其台被塑造成一只将头微微伸入鸟巢体育场中的凤凰，而凤凰嘴是火炬最终被点燃的地方。

北京奥运会奖牌

2008 年 9 月 6 日，第十三届残疾人奥林匹克运动会在中国首都北京举行，开幕式上，一只红冠高耸

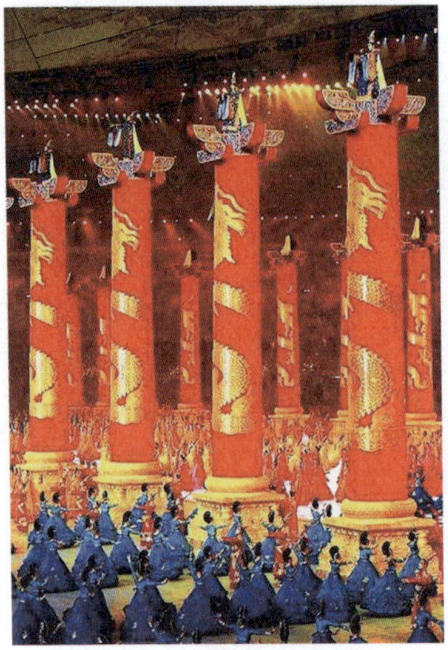

龙柱高耸（北京奥运开幕式）

的凤凰（太阳鸟），舒展着双翼，翩翩飞来……

2010 年 2 月 13 日（农历己丑年除夕），国家主席胡锦涛在福建龙岩古田镇为金色的长龙点睛。接着，胡锦涛和乡亲们一道绕着长龙跳起欢快的“节节高舞”。“年年好！节节高！”大家一边敲击竹筒一边齐声呐喊，共同祈愿生活一节更比一节高。[39]

2014 年 2 月，国家主席习近平在出席俄罗斯索契冬奥会期间，将一件景泰蓝作品“一帆风顺”送给俄罗斯总统普京。相关报道说，这件艺术品造型源于中国至尊图腾，它以龙为舟，以凤为翅，不仅有对索契冬奥会活动一帆风顺的祝愿，更蕴含龙腾四海、乘风进取的精神风采。[40] 1

国礼“一帆风顺”

2015年9月27日，国家主席习近平在美国纽约出席中国向联合国赠送“和平尊”仪式。联合国秘书长潘基文出席。相关报道说，“和平尊”以中国非物质文化遗产景泰蓝工艺制成，以“中国红”为主色调，顶部有龙饰，象征守望和平。[40]2

中国向联合国赠送的“和平尊”

2017年11月8日，中国国家主席习近平在北京故宫，向来华进行国事访问的美国总统特朗普介绍中国悠久的历史文化。他说：“文化没有断过流、始终传承下来的只有中国。我们这些人也延续着黑头发、黄皮肤，我们叫龙的传人。”

这是中国国家元首就龙文化面向世界的一次发言，是对龙文化的一次最高规格的弘扬。

彰扬精神

龙凤是中华民族精神的象征，龙凤民俗体现、彰显、弘扬着中华民族的精神。那么，什么是中华民族的精神呢？

我们先看一些比较重要的论述——

“民族精神是一个民族赖以生存和发展的精神支撑。在五千多年的发展中，中华民族形成了以爱国主义为核心的团结统一、爱好和平、勤劳勇敢、自强不息的伟大的民族精神。这是中华民族五千多年来薪火相传、发展壮大的精神支柱，也是中国人民在未来岁月里继往开来、自强不息的精神动力。”[41]

“数千年来，伟大的中华民族精神、植根于民族历史的土壤之中，生生不息、薪火相传、光彩夺目、普照人间。诸如‘天下为公’的尚公精神，‘发愤忘食，乐以忘忧’‘锲而不舍，金石可镂’的刚健有为、自强不息的精神；‘三军可以夺帅也，匹夫不可以夺志’‘富贵不能淫、贫贱不能移、威武不能屈’的高尚情操和民族气节；‘先天下之忧而忧，后天下之乐而乐’‘天下兴亡，匹夫有责’的以天下为己任的忧国忧民的责任感和爱国主义精神；‘崇尚仁义，厚德载物’的雍容大度、包容万物的宽容精神；‘路漫漫其修远兮，吾将上下而求索’的不懈追求精神；‘刻苦自励’‘头悬梁、锥刺股’的勤学精神等，都是中华民族最宝贵的财富。”[42]

思想文化史专家张岂之先生将中华民族的人文精神概括为：“人文化成——文明之初的创造精神”“刚柔相济——穷本探源的辩证精神”“究天人之际——天人关系的艰苦探索精神”“厚德载物——人格养成的道德人文精神”“和而不同——博采众家之长的文化会通精神”“经世致用——以天下为己任的责任精神”。[43]

对龙的精神，也有一些经典的表述，如：“从更为深层次的意义上说，龙文化首先体现出中华民族团结合力的精神内涵”；“龙的形象，最初就是中华民族团结合力的象征”；“舞龙和赛龙舟都需要运用集体的合力来完成，而无法运用单个人的力量去运作。在这种集体的合作中，如果单个人的力量不能融入整个集体的节奏中去，所有人都会招致失败”；“龙，是中华民族团结凝聚的象征；龙文化，揭示了‘团结就是力量’的深刻真理”。[44]

再如，中国龙“以东方神秘主义的特有形式，通过复杂多变的艺术造型，蕴涵着中国人、中国文化中特有的四个基本观念：一是天人合一的宇宙观；二是仁者爱人的互主体观；三是阴阳交合的发展；四是兼容并包的文化观”。在这四大基本观念的后面，“最为深层的思想底蕴，则是龙的精神，是龙所体现出来的中国文化基本精神：以大综合的手段，求大和谐的目标。用孔子晚年《易传》中的两句话来表达，这种基本精神就是经张岱年先生特别强调的两句话、八个字：自强不息，厚德载物。或许我们用多元文化综合创新观的语言来表达的话，那就是：多元一体，综合创新。”[45]

笔者用“容合、福生、谐天、奋进、和美”来概括龙凤民俗的精神底蕴。

容合是兼容、包容、综合、化合的概称。龙凤是容合而成的，中华民族、中华文明、世界文明也都是容合而成的。容合是世界观、方法论。

福生是造福众生的简称，无论是作为水利神、太阳神、农业神，还是作为祖先神、民族神、爱情神，龙凤都以福生为使命。福生是价值观、幸福论。

谐天是与天即自然界和谐的简称。龙凤是谐天的产物，是先民对宇宙自然力的感悟、认知和神化。谐天就是要尊重自然规律，科学地可持续地发展，建设与大自然相和谐的生态文明。谐天是天人观、生态论。

奋进是奋发进取、开拓创新、适变图强。古往今来，中华民族的杰出人物因其努力奋进、为民族的发展进步、繁荣昌盛做出了创造性、开拓性的贡献而称龙比凤。奋进是人生观、强盛论。

和美是和谐美好的简称，龙凤民俗体现、倡导、追求天道自然和美、人伦社会和美、阴阳男女和美。和美是理想观、目的论。

龙兆和谐

金凤送喜（中国邮政明信片）

凝聚华族

自龙凤被公认为中华民族的精神象征和文化标志的那一天起，龙凤民俗就同时具备了情感纽带的作用。

伏羲、女娲、炎帝、黄帝、唐尧、虞舜、夏禹等，是中华民族的创世纪英雄。这些神话英雄，大都有作为历史人物的实在依据，但更重要的是人文方面的意义：他们使一个民族有了可以引以为自豪的共同的文化始祖、共同的精神母题。在神话传说中，伏羲为龙种，女娲具龙性，炎帝秉龙兆，黄帝呈龙颜，唐尧应赤龙，虞舜得龙图，夏禹是虬龙：这便构成了普天下所有的炎黄子孙、中华儿女大都认同自己是“龙的传人”的人文根据。这样的根据，使中华民族有了共同的文化象征，共同的图章徽记：哪里有华人辛勤的足迹，哪里就有中华龙凤矫健的身影；说汉语的人走到哪里，中华龙凤就飞翔到哪里。从遥遥远古走到今天，作为形象标志，中华龙凤已得到海内外华人的广泛认同，越来越多的华人团结在龙凤的旗帜下，容合在同祖共宗、亲如兄弟般的大家庭中。中华龙凤民俗的这种凝聚力，在世界各民族中是不多见的。

2007 年到 2014 年，笔者利用出访、探亲的机会，对美国、加拿大的龙凤文化做了重点考察。所到之处，凡是有华人生活的地方，都发现有龙凤的形象。在美国洛杉矶，我看到了唐人街上的二龙拱珠造型、华人餐馆里的龙凤呈祥图案；在加拿大温哥华唐人街，我看到了电线杆上的金黄色的龙雕和大街上张贴的宣传龙文化的广告；在多伦多唐人街，我看到了高高耸立的龙凤门；在哥伦比亚省甘露镇的华人餐馆，我看到了印有龙图的菜单；在阿尔伯塔省班夫镇的街道上，我看到了醒目的龙字招牌。大凡较大规模的华人聚会，《龙的传人》是必唱之歌；而在幼儿园、小学校园，几乎都能看到十二属相的图案……

美国洛杉矶唐人街上的二龙拱珠造型

加拿大多伦多唐人街上的龙凤门

繁荣经济

民俗文化也是生产力。

就龙凤民俗而言，不但能标志文化、彰扬精神、凝聚华族、娱乐群众，还能拓展旅游，繁荣经济。

有关龙凤民俗的雕塑、编织、刺绣、书画、剪纸、邮品等，历史悠久，丰富多彩，深受中外人士的喜爱，在收藏品市场上占有重要地位。

而有关龙凤的民俗节会，换个角度看，就是大众消费会和物资交流会。参加节会的群众，近者来自周围县市，远者来自周边省区，甚至全国各地及海外各国。人数少则几万，如河北范庄龙牌会、陕西耀州药王庙会，多则几十万、几百万，如广西宾阳炮龙节、河南淮阳太昊陵庙会。这么多人集中到一个地方，他们的吃、住、行、敬、演、玩、看、买，都既是文化行为，也是商业行为，都可以作为“利润增长点”来看待。

以河南淮阳太昊陵庙会为例。此庙会历史悠久，规模宏大，参与人数之多可排在全国同类庙会之最。历史记载，1934 年赴庙会的人就达到二百万人以上。现在每年庙会每天有数十万人，最多达四十多万，按平均三十万计，会期一个月就是九百万人。“会上龙旗飞舞，旗杆如林，爆竹震耳，香烟弥天，整个陵区，人山人海，几无立锥之地，仅每天的香灰就要用两辆拖拉机拉到半夜才能拉完，非亲睹难以置信。”[9]363

再以广西宾阳的炮龙节为例。何谓“炮龙”？简单地说，就是既放炮又舞龙，所谓“炮震千山醒，龙腾百业兴”。广西宾阳的“炮龙”有悠久的历史。进入 21 世纪后，宾阳县着力打造“炮龙之旅”，于每年农历正月初十、十一前后举办炮龙节。2008 年 6 月，宾阳炮龙节入选第二批国家非物质文化遗产名录。据媒体报道，炮龙节期间，宾阳县县城炮火冲天，群龙狂舞，全城狂欢，火爆热闹通宵达旦。统计数字显示，每年参加炮龙节的八方游客多达数十万人，旅游收入达数千万人民币。

广西宾阳炮龙节（陈晓晖 绘）

应该指出，对与龙凤相关的民俗活动，我们不能只看到其娱乐群众、发展旅游、繁荣经济等等好的一面，也应该看到其浪费资源、制造污染，以及存在安全隐患的一面。这就要求各级、各地政府在组织、管理、经营这些活动时，以对国家、对人民高度负责的态度，践行和发扬龙凤的容合、福生、谐天、奋进、和美的精神，将经济发展与环境保护、成就事业与节约能源、文化娱乐与生命财产安全等关系处理到最佳状态。

参考文献

[1] 贾姆巴蒂斯塔·维柯 . 新科学 [M], 朱光潜 , 译 . 北京 : 人民文学出版社 , 1987.

[2] 张浩 . 思维发生学 : 从动物思维到人的思维 [M]. 北京 : 中国社会科学出版社 , 1994.

[3] 保尔·拉法格 . 思想起源论 : 卡尔·马克思的经济决定论 [M]. 王子野 , 译 . 北京 : 生活 . 读书 . 新知三联书店 , 1978.

[4] 列维·布留尔 . 原始思维 [M]. 丁由 , 译 . 北京 : 商务印书馆 , 1981.

[5] 弗兰兹·博厄斯 . 原始人的心智 [M]. 项龙 , 王星 , 等译 . 北京 : 国际文化出版公司 , 1989: 109.

[6] 刘文英 . 漫长的历史镜头 : 原始思维与原始文化新探 [M]. 北京 : 中国社会科学出版社 , 1996.

[7] 阮元 . 十三经注疏 [G]// 孔颖达 . 春秋左传正义 . 北京 : 中华书局 , 1980: 2083.

[8] 周宜兴 . 中国八千年历史新探源 : 大地湾遗址与伏羲氏 [M]. 台湾 : 宋氏照远出版社 , 2007: 115.

[9] 齐玉珍 . 太昊陵庙 [M]. 深圳 : 海天出版社 , 2005.

[10] 周口神话故事编辑委员会 . 周口神话故事 [M]. 北京 : 学苑出版社 , 2006.

[11] 何光岳 . 炎黄源流史 [M]. 南昌 : 江西教育出版社 , 1992: 3.

[12] 宝鸡社科联 . 姜炎文化论 [G]// 葛文华 . 再论炎帝名号的原始意义 . 西安 : 三秦出版社 , 2001: 82.

[13] 何星亮 . 苍龙腾空 [M]. 北京 : 社会科学文献出版社 , 1998.

[14] 郑筱筠 . 佛教对汉族、白族龙文化之影响及比较 [J]. 博览群书 , 2001, 3(6): 11.

[15] 胡朴安 . 中华全国风俗志 [M]. 上海 : 上海科学技术文献出版社 , 2011: 86.

[16] 王元林 , 褚福楼 . 国家祭祀视野下的金龙四大王信仰 [J]. 暨南学报 (哲学社会科学版), 2009, 31(2)209.

[17] 沈荣金 . 姓氏来源 [M]. 广州 : 华南理工大学出版社 , 2015: 47-48.

[18] 杜欣 , 马治卫 , 金月全 . 龙的传人有龙姓 [N]. 周口晚报 , 2012-11-30(6).

[19] 叶舒宪 . 亥日人君 [M]. 北京 : 社会科学文献出版社 , 1998: 11.

[20] 舒大丰主编 : 年轮的记忆 : 解读生肖文化・辰龙 [M]. 北京 : 百花洲文艺出版社 , 2006: 15.

[21] 庞进 . 改生肖"属鸡"为"属凤"的文化意义 [N]. 西安晚报 , 2017-02-05(10).

[22] 闻欣 . 第一套原始龙袍复原 [N]. 人民日报海外版 . 2007-10-22(7).

[23] 张志春 . 中国服饰文化 : 第一卷 [M]. 北京 : 中国纺织出版社 , 2001: 82.

[24] 刘其印 . 采风问俗断想 [M]. 香港 : 银河出版社 , 2007: 5.

[25] 吴家良 . 百鸟朝凤传说 [EB/OL]. (2005-03-03)[2016-05-06]. http: //www. yizuren.com/tradition/yzcsykcwx/19319. html.

[26] 黎莺 . 中华庙会事典 [M]. 西安 : 陕西人民教育出版社 , 1994: 194.

[27] 李宝宗 . 龙凤呈祥 : 仰韶文化"鸟龙"彩陶盆 [N]. 中国文物报 , 2010-06-23(2).

[28] 王先胜 . 仰韶文化"鸟龙"纹彩陶钵的学术意义 [N]. 中国文物报 , 2010-08-25(4).

[29] 朱达 , 王来柱 . 牛河梁遗址第十六地点发掘获重大成果 [N]. 中国文物报 , 2003-09-05(1).

[30] 辛建萍 , 孙颖 , 李风玲 . 中国旅游景点文化概览 [M]. 济南 : 山东大学出版社 , 2002: 11.

[31] 梁力生 , 葛树蓉 . 中国龙舞 [M]. 重庆 : 重庆出版社 . 2002: 38.

[32] 廖金文 . 苗栗舞龙文化 [M]. 台湾 : 苗栗县造桥国民小学 , 2004: 27.

[33] 黄益苏 . 龙狮表演与竞赛 [M]. 长沙 : 湖南文艺出版社 , 1999: 62.

[34] 魏光国 . 楚人崇凤和洪湖的凤灯凤船 [A]. 洪湖文史 : 第 6 辑 [C]. 政协湖北省洪湖市委员会文史资料委员会 : 1990: 58.

[35] 邓球柏 . 帛书周易校释 [M]. 长沙 : 湖南人民出版社 , 1996: 348.

[36] 钱其琛 . 增强中华民族的文化凝聚力 [N]. 人民日报 , 1999-05-31(3).

[37] 吴阳 .“提升中国公民旅游文明素质行动计划”标识发布 [EB/OL]. (2007-01-31)[2016-05-08]. http: //lianghui. china. com. cn/travel/txt/2007-01/31/content_7743218. htm.

[38] 孙承斌 . 总书记与小学生共绘腾飞龙 [EB/OL]. (2007-02-19)[2016-05-08]. http: //news. sohu. com/20070221/n248311693. shtml.

[39] 孙承斌 , 谭浩 , 许雪毅 . 胡锦涛看望福建古田民众品尝新酿米酒炸糖枣 [EB/OL]. (2010-02-13)[2016-05-08], http: //www. ce. cn/xwzx/gnsz/szyw/201002/13/t20100213_20966843. shtml.

[40] 张娟 . 中国向联合国赠送的“和平尊”有何讲究 . [EB/OL]2015-09-28[2016-10-15] http: //news. youth. cn/gn/201509/t20150928_7163558. htm.

[41] 杨根乔. 论民族精神的新内涵 [N]. 中国青年报 , 2004-02-18(3).

[42] 杨德广 . 伟大的民族精神引领成长 [N]. 文汇报 . 2004-05-27(2).

[43] 张岂之 . 中华人文精神 [M]. 西安 : 西北大学出版社 , 1997: 72.

[44] 钱其琛 . 深刻开掘和研究龙文化的精神内涵 [N]. 人民日报 , 2000-04-03(4).

[45] 王东 , 中国龙的新发现 [M]. 北京 : 北京大学出版社 . 2000: 220-221.

后记

《中华龙凤民俗》之初稿，写成于十几年前，因包括龙民俗和凤民俗两个方面，内容比较多，字数达五十万。

时序进入 2020 年春天，按照出版社的要求，我开始对书稿作精选、修改、润色的工作。

正是新冠病毒流行肆虐的日子。春节后至今，笔者和若干亿地球人一样，宅在四堵墙之内。对于以研究、写作为主业的人来说，宅居、独处算不上什么难事，所谓“躲进小楼成一统”。然而，我却不能“管他冬夏与春秋”，因为烈火般燃烧的疫情，关乎着亲人、民族和整个人类的生存。

于是，在本书定稿之际，我祈愿神龙祥凤，福佑中华民族，福佑世界人民，福佑地球上所有和人类和平相处的生灵，赶快度过这段令人忧心忡忡、提心吊胆，甚至悲泪汹涌的时光！

庞　进

2020 年 4 月 8 日于加拿大枫华阁